主 编　齐　峰
副主编　章兴斌

职业技术教育汽车类专业"工作过程导向"
课程改革纸数一体化、活页式精品教材

汽车液压制动系统
活页式教程

华中科技大学出版社
http://www.hustp.com
中国·武汉

图书在版编目(CIP)数据

汽车液压制动系统活页式教程/齐峰主编. —武汉:华中科技大学出版社,2021.5
ISBN 978-7-5680-6903-8

Ⅰ.①汽…　Ⅱ.①齐…　Ⅲ.①汽车-制动装置-车辆修理-教材　Ⅳ.①U472.41

中国版本图书馆 CIP 数据核字(2021)第 077487 号

汽车液压制动系统活页式教程　　　　　　　　　　　　　　　　　齐　峰　主编
Qiche Yeya Zhidong Xitong Huoyeshi Jiaocheng

策划编辑:王红梅
责任编辑:余　涛
封面设计:原色设计
责任监印:周治超
出版发行:华中科技大学出版社(中国·武汉)　　　电话:(027)81321913
　　　　　武汉市东湖新技术开发区华工科技园　　　邮编:430223
录　　排:武汉市洪山区佳年华文印部
印　　刷:湖北新华印务有限公司
开　　本:787mm×1092mm　1/16
印　　张:11
字　　数:265 千字
版　　次:2021 年 5 月第 1 版第 1 次印刷
定　　价:68.00 元

在职业工作中，"工作过程知识"即学习者在完成完整工作任务过程中学习相关经验而获得的知识。"工作过程知识"既不是单纯的理论知识，也不是简单的实践经验，而是理论知识通过个体实践后所获得的经验性知识，是主客观知识交汇的结果，是与情境相关、以实践为导向、实践和理论相结合的知识。

职业能力的强弱并不在于掌握理论知识的量，而在于是否具有以企业工作任务为中心的知识结构。具备了与工作过程相适应的知识和技能，就能应用知识和技能去解决工作中的问题，所以职业教育的课程应该精选职业岗位的基础知识和基本技能作为学习者的学习内容。职业课程应该更多地侧重于工作能力的培养，而应用工作过程体系模式开发的课程是培养工作能力的课程，相对于学科体系的课程，工作过程系统化的课程以专业理论知识及其实践经验为依据，将学习对象、理论知识与学习过程这三种结构在工作过程中予以集成，更适合于职业教育。

职业院校应构建和使用"任务驱动"和"工作过程"的，基于教学标准的，采用专业知识系统化、课程模式工作过程化、操作步骤规范化、多媒体教学资源库建设和模块课程一体化的项目课程。这样才能提高教学效率，提升专业教学质量，夯实学习者的职业活动和个人职业生涯发展所需要的综合职业能力。

课程开发的基本原则是要基于国家教学标准，基于课程标准。课程开发的核心是改变现有的课程模式。课程模式应该以工作任务为导向，以学生为主体，模拟的是学生今后工作中遇到的任务。课程模式应该专注于学生学习的专业核心内容及其与学科外部知识的关联。课程模式应该注重学生毕业后要遵守的行业标准和职业技术规范。

而项目课程强调工作过程的真实性、应用性、逻辑性，强调任务型、结构化，是实践性学习的内容，符合职业课程学习者的认知特点、认知能力和发展水平，适应职业课程培养职业能力的目标要求。项目课程是培养创新型、复合型人才的重要学习方式。在项目执行过程中持续互动，经历综合性、复杂性的工作或问题的解决过程，获得了理论知识与职业技能，强化了实践操作应用能力，培养了创新能力，加强了合作沟通能力，以及工作过程的观念、专业系统化观念、思维方法逐渐形成。

项目课程适合工作过程的学习内容，符合职业课程培养职业能力的目标要求，符合职业课程学习者的特点。因此，可以将项目课程作为改造现有课程模式的工具。

　　针对汽车机电专业学生的培养目标,以问题为引领,以工作任务为驱动,以岗位工作过程为依据,将传统的汽车机电课程结构进行解构,并根据企业的工作任务和岗位能力进行项目化。

　　项目课程通过完成工作任务把知识、能力、技术有机整合成工作任务型的知识结构。项目课程改变知识的结构方式,通过对工作任务的分析,来确定课程内容中的知识、能力、技能、素质。项目课程的基本思想是综合,易于融入复杂多样的职业技术知识,有利于培养学习者的综合职业能力,具有整体性较强、容量较大的特点。而模块化课程的基本思想是分解,所以将项目课程的内容进行多层分解,通过模块课程进行组织,这样就使项目课程内容变得具体且易于操作。

1. 模块的设计原则

　　(1)基于典型的岗位工作内容设计模块。

　　汽车机电维修岗位项目课程中的模块内容按照国家教学标准、行业标准和企业技术规范,以及实际工作过程来构建。每个模块所对应的是汽车机电维修工作岗位典型的工作任务,模块中的内容根据完整的工作过程进行梳理、排列、修订,然后对这一具体工作过程进行教学化处理。

　　(2)基于教学规律设计模块。

　　每个模块中的内容包含一项汽车机电维修岗位能力中特定的技能或知识,学生学习时不会因内容庞杂、互相干扰而影响学习效果,更不会给教师造成困扰。同时,由追求单个模块内容的工作过程的准确性,专业内容、方法及步骤的正确性,专业内容的严密与系统性转变为模块群内部的衔接与完善,使各模块之间由相互隔离转变为相互贯通、相互关联,模块之间纵向有效衔接而横向又协调配合,既相互关联转变又相互补充。在模块的排列顺序方面,主要采用平行、递进、延续的形式,基础内容的模块(拆装、维护的内容)排列在前,难度系数相同的内容平行排列,然后递进到难度系数大一些的,即检修、检测的内容(系统检测、电路检测的内容)排列在后。一个项目有多个模块,先完成第一个模块,第二个模块的内容可以是独立的、在难度上是递进的,也可能是延续第一个模块的、在难度上相同或递进的内容。这样的编排从工作过程及其难度上看既是独立的又是递进的,而且还是延续的,从而更符合学生学习能力发展的规律。

　　(3)基于"学为中心"设计模块。

　　模块的建设应该帮助学生有效地进行学习,应该使教师的"教"服务于学生的"学",应方便学生的"学"而设计,应以"学"的基础定教的起点,以"学"的规律定教的方法,以"学"的目的定教的目标,以"学"的需要定教的策略,而不是为彰显"教"的精彩而设计模块。模块设计适用于学生分组学习,引导小组内成员合理分工。把完成这项模块中的任务所需要承担的责任交付给他们,尽可能让每位学生在小组合作中完成各自的工作,以此来培养富有工作激情、团结协作、具有岗位工作能力的员工。另外,"勤问"这个习惯有时会让学生变得惰于思考,阻碍了学生自主学习能力的发展。为此,设计模块时,有意识地帮助学生克服一遇到困难就习惯性地直接求助的毛病。当学生遇到问题求教时,引导他们去查阅资料,去阅读理论知识,先独立思考、自我摸索,然后小组讨论,再尝试去实践,教师在其中可以做些辅助。这样以"学"为中心的设计,改变原来以"教"为中心的课程模式,可以在工作过程中培养学生自主学习、分工协作和独立解决问题的能力。

2. 多纬度的模块内容

基于以上的观点和设计原则,模块课程中的内容设计为模块名称、模块作用、模块分析、模块目标、模块要求、模块步骤、模块实施、模块练习、模块评价等九个部分的内容。模块作用描述的是实际工作过程中的任务,以此为任务驱动;模块分析中列举出完成该模块内容所要具备的知识和技能;模块目标将教学目标细化到每个模块中,提出了具体的知识目标和技能目标;模块要求提出了质量要求、安全要求、文明要求和环保要求,是对学生职业素养的全面要求;模块实施将完整的岗位工作任务转化为详细的操作步骤,突出了动手能力的培养;以模块作用为任务驱动,以模块分析为引领,以模块目标为基准,以模块要求为准备,以模块步骤为线索,以模块实施为过程,以模块练习来巩固,以模块评价为结尾,首尾紧密相连。

3. 项目课程中的多媒体教学资源

(1)多媒体教学资源的运用。

在多媒体教学资源运用上力求整合与实用。整合的目的是将教学多媒体资源与理论知识和工作过程连接融合,把媒体技术融入其中。整合的目的是提高教学效率,突出知识技能的重点,突破知识技能的难点,增强直观性。实用就是用在关键处,用在情境创设处,用在知识点的生成处,用在工作过程中操作的要领处,用在工作过程中的重点处,用在工作过程中的难点处,用在学生思维的障碍处,用在知识的延伸处,用在思维的拓展处等。这样在模块中将资源库建设和课程内容设计为一体,构成多样的教学内容生态,起到"辅教、助学、助训"的作用。

在方式上,以模块课程中的知识点、技能点为载体,融入碎片式的多媒体教学资源。在每一个项目课程中建立一个多媒体教学资源文件夹,其中包含这一项目课程中每一模块的大量视频、动画、图片、文档。每一个模块先以视频或动画来创设情境,突出以"任务驱动"的岗位工作过程;在模块实施过程中,关键的操作步骤链接操作视频,起到示范、引领的作用;对于模块课程中出现的重点、难点链接操作动画、视频,揭示专业课程中不易感知的事物的过程和特征,起到助学、突破的作用;对于模块课程中出现的原理、构造、工作过程链接视频或动画,将原来学科体系的课程中大量的文字叙述转化为清晰的具象,以呈现事物的形象或它的变化过程,帮助学生认识事物和理解概念;对于模块课程中新的知识点,链接视频或动画、文档可以使学生在操作的同时认知事物,拓展知识。

(2)多媒体教学资源技术手段的选用。

在制作和选取多媒体教学资源时,把握"适度、够用"原则。以内容、过程、结果为核心,以模块课程中相关的工作过程、工作原理、工作流程为素材,转化为实际的多媒体教学资源,视频录制时间简短、精炼,每一段最多不超过3分钟。其他多媒体教学资源的运用也避免占用太多时间,防止多媒体教学资源在课程中由助学、辅教变成课程的主导,防止产生"多媒体主导"而"工作过程淡漠"的不良倾向。另外,对多媒体教学资源进行了标准化制作,使用起来更简单,更易于操作。

4. 项目课程中的练习

在项目课程中按模块建立了练习题库,其中的练习题基于国家教学标准和课程标准,基于模块中的工作过程、理论知识和多媒体教学资源的内容。练习题采用客观和主观两种题型,既能满足考核学生了解、认识、理解或掌握汽车机电专业基础知识的要求,又能满足对学生掌握实际操作过程的情况进行客观评价的要求。

5. 项目课程中对学生学习过程的评价

职业教育的课程对学生的考核应该是全面的、综合的、动态的评价过程。采用模块课程就必须将模块学习中的实践操作能力、知识的掌握程度及工作过程中的状况等多元性评价列入考核体系。还要评价学生学习过程的专注度,参与深度,以及评价学生在完成工作任务时,小组内成员分工合作的状况,小组内成员对整个团队的贡献度。不仅要评价学生在单一模块学习中的收获和成果,还要评价学生学习整体项目的愿望。这就必须建立基于工作过程课程模式的评价方案,建立多方位、多角度、多时段的评价机制。

模块课程中一个模块的完整评价包括两个部分:一个是模块学习过程中各个学生的过程性自评、学生互评和教师评价及模块完成后的个人小结和教师小结,设置小结的目的是为有效反思提供依据,使思之有"物"、思之有"据",使学生在模块学习中不断自省、不断提高,也促进专业教师进行教学反思,提高业务水平;另一个是在各模块完成后建立了与之对应的基于工作过程和多媒体教学资源的理论试题,在学生完成工作任务后进行练习,以评测学生掌握知识技能的情况。

两部分的评价各占一定比例,由此来综合评定各模块的成绩。一个完整项目的评价包括多模块的评价结果,一个项目中多模块的成绩总和即可以反映每个学生完成一个项目的实际水平,而所有项目的评定形成最终的专业课成绩。这样,在评价考核内容的选择方面,做到既考核知识又评价能力和素养,是对学生专业能力、方法能力、适应能力和学习过程性等的综合考核评价体系。评价模式符合课程标准的要求,符合企业岗位能力培养的要求,实现了人才培养的目标。

6. 结束语

采用专业知识系统化、课程模式工作过程化、操作步骤规范化、多媒体教学资源库建设和模块课程一体化的课程模式,提高了教学效率,提升了专业教学质量,夯实了学生的职业活动和个人职业生涯发展所需要的综合职业能力。这样的教学实践,才能提升学生自我学习的能力,才能实现学生"顺利就业、适应岗位、开创事业"这一职业发展路径。

编　者

2021 年 2 月

目 录

液压制动系统的常规检查

一、模块作用

　　制动系统是汽车的重要系统之一，它工作在非常恶劣的环境下，如果出现如制动异响、跑偏、制动力不足、制动踏板软、制动异常磨损等故障，可能会影响行车安全，甚至发生危险。为了避免这些故障的发生，应定期对制动系统进行清洁、润滑、检查、维护。通过对制动系统进行定期的常规检查，在检查过程中发现问题，及时进行维修，使制动系统的性能恢复正常状态，才能保证行车安全。

二、模块分析

　　本模块主要学习制动系统的组成、作用及工作原理；学习制动助力器真空辅助系统的组成及其作用；人的眼睛和皮肤接触制动液后的紧急处理方法；学习带防抱死制动系统的工作过程；学习液压制动系统的组成、作用及工作原理。通过实践操作，能及时准确地进行维修作业前的准备工作；会熟练检查液压制动器部件；会检查制动管和制动软管的状况；会检查制动系统的外部泄漏状况；会测试制动系统的内部泄漏；会检查和测量制动踏板的行程；会测试制动系统的真空源。

液压制动系统的常规检查

模块链接符号：					
动画、视频链接	资料、手册、理论链接	警示	操作指示	模块练习	模块评价

三、模块目标

知识目标　掌握制动系统的组成及其作用
掌握制动系统的工作原理
理解制动助力器真空辅助系统的组成及其作用
掌握人的眼睛和皮肤接触制动液后的紧急处理方法
掌握制动液的使用注意事项
了解带防抱死制动系统的工作过程
理解液压制动系统的组成、作用及工作原理

技能目标　能及时准确地进行维修作业前的准备工作
能熟练检查液压制动器部件
能按制动管和软管的走向检查其状况
能熟练检查制动系统的外部是否有泄漏
能熟练测试制动系统的内部是否有泄漏
能准确检查和测量制动踏板的行程
能熟练测试制动系统的真空源

四、模块要求

质量要求　维修作业前准备工作步骤正确，动作熟练到位
准确找出并判断液压制动器部件存在的问题
准确找出并判断制动管和软管的状况
准确找出并判断制动系统的外部是否存在泄漏
能熟练测试制动系统的内部是否存在泄漏
检查制动踏板行程步骤和位置是否准确，并能判断测量数值是否准确
测试制动系统真空源的仪器连接是否准确，并能对测试数值做出判断

安全要求　遵守维修作业前车辆检查的安全要求
遵守拆装轮胎和车轮总成的操作安全要求
遵守观察制动钳活塞与制动钳壳体的相对位置的检测安全注意事项
遵守刺激性制动液的使用安全事项
遵守发动机启动时的安全要求
遵守仪表连接的安全规定
遵守操作时的个人防护要求

文明要求　遵守工具、仪器合理使用的要求
遵守 5S 规定
遵守废物归类的要求

时间要求　180 分钟

设备要求　　（1）本课程常用工具、设备、仪器

（2）雪佛兰科鲁兹车辆

（3）制动盘锥形垫圈、制动系统真空测试仪、制动液储液罐真空盖、1米长的直尺

耗材要求　　塑料薄膜、铜制制动软管垫圈、耐高温灭音膏、高温硅润滑剂、报废的同型号内侧制动片或木块、工业酒精或制动器清洗剂、砂轮盘、金属砂布、制动液

备件：制动活塞密封件、车轮螺栓、前后制动摩擦片、制动钳导销护套、制动片固定弹簧、制动钳活塞防尘密封罩、制动排气阀、制动排气阀帽

五、 模块步骤

第一步　　液压制动器部件操作的目视检查

第二步　　制动管和软管的检查

第三步　　制动系统外部泄漏检查

第四步　　制动系统内部泄漏测试

第五步　　制动踏板行程的测量和检查

第六步　　制动系统真空源测试

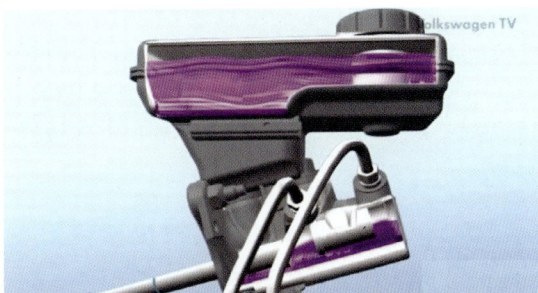

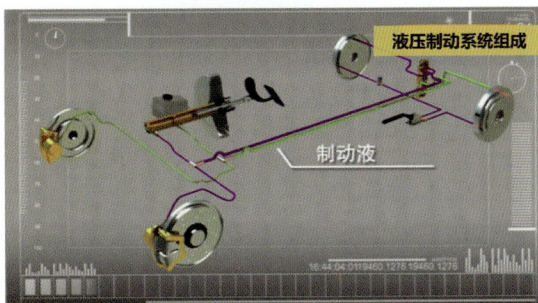

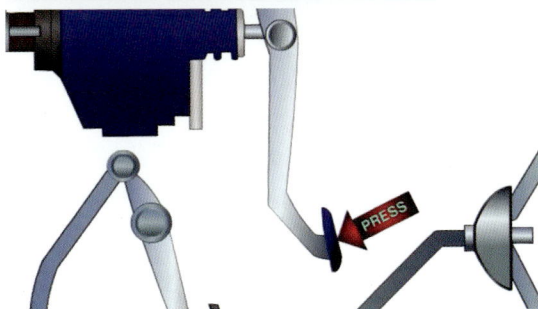

六、模块实施

维修前准备

详见"模块:维修作业前准备工作"相关操作。

1. 液压制动器部件的目视检查

制动液会刺激眼睛和皮肤。一旦接触,应采取如下措施:

● 如不慎入眼——用水彻底清洗。

● 如接触皮肤——用肥皂和水清洗。

● 如吞入——立即就医。

避免制动液溅到车辆漆面、线束、电缆或电气连接器的任何地方。制动液会损坏漆面和电气连接器。一旦制动液溅到车辆上,立即用水冲洗该部位,使损坏的可能性降至最低。

（1）拆下轮胎和车轮总成,并用车轮带耳螺母固定制动盘,然后目视检查制动钳活塞防尘罩的密封部位,确保无制动液泄漏。

有无泄漏:＿＿＿＿＿＿＿＿＿＿＿＿＿＿

如果出现制动液泄漏迹象,则制动钳需要大修或更换。

（2）在制动系统不工作时,观察制动钳活塞与制动钳壳体的相对位置。

（3）让助手踩下制动踏板并松开,重复数次,同时观察液压制动钳的工作情况。

① 在每次接合制动系统时,观察制动钳活塞的运动是否顺畅且均匀。

② 在每次松开制动系统时,观察制动钳活塞的回位运动是否顺畅且均匀。

是否顺畅且均匀:＿＿＿＿＿＿＿＿＿＿

（4）在接合和/或释放制动系统时，如果制动钳活塞运动不顺畅和不均匀，则活塞方形密封件可能磨损或损坏，制动钳可能需要大修或更换。

2. 制动管和软管的检查

（1）目视检查所有制动管是否存在以下状况：

● 扭结、排布不正确、固定器缺失或损坏。

● 接头泄漏、严重腐蚀。

> 提示　如果有任何制动管出现上述状况，则需要更换相应的一个或多个制动管。

有□；无□。存在问题：＿＿＿＿＿＿

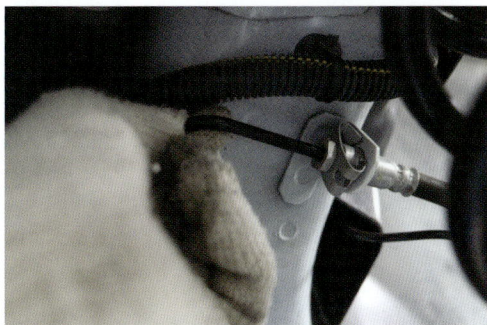

（2）将车辆举升到一定高度，以保持挠性制动软管与底盘的相对位置正确。

（3）目视检查所有挠性制动软管是否存在以下状况：

● 扭结、排布不正确、扭曲、磨损、固定器缺失或损坏。

● 接头泄漏、开裂、腐蚀、起泡或鼓起。

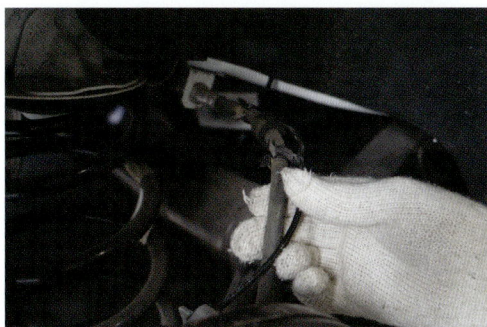

> 提示　如果有任何挠性制动软管出现上述状况，则需要更换相应的一个或多个挠性制动软管。

有□；无□。存在问题：＿＿＿＿＿＿

（4）用手指紧紧按压挠性制动软管，检查是否有软点（该现象表明有内部堵塞）。检查每个挠性制动软管的长度。

> 提示　如果发现任何挠性制动软管有软点，则该挠性制动软管需要更换。

有□；无□。存在问题：＿＿＿＿＿＿

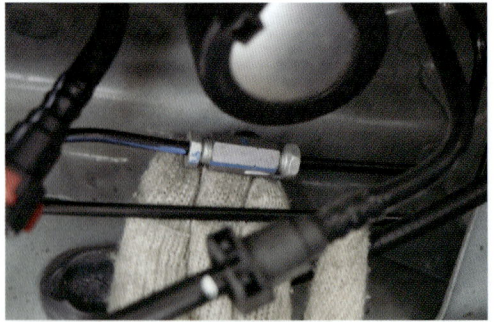

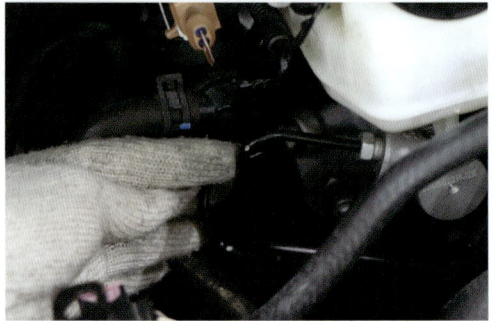

3. 制动系统外部泄漏的检查

（1）在检查外部制动液泄漏时，先检查总泵液位。

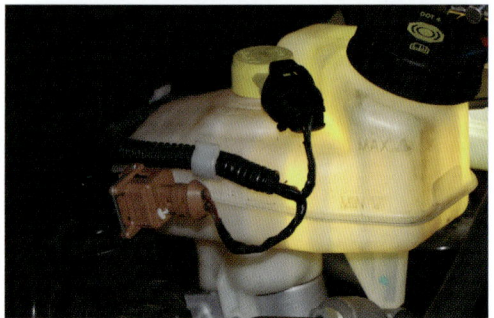

【提示】　虽然因制动衬片磨损而导致的制动液液位略微下降可被视为正常现象，但如果液位过低，则表明液压系统可能有制动液泄漏现象。

如果液位过低，则添加制动液。

液位处于什么位置：＿＿＿＿＿＿＿＿＿

（2）启动发动机并怠速运行。

（3）用恒定的适中力量踩下制动踏板。如果在踩住制动踏板时，踏板逐渐下降，则表明可能有制动液泄漏。

有无逐渐下降：＿＿＿＿＿＿＿＿＿

（4）将点火开关置于OFF（关闭）位置。

（5）目视检查总泵制动管接头、所有制动管接头、制动管、制动钳和/或分泵这些制动系统部件是否存在制动液泄漏、严重腐蚀和损坏现象。

特别注意所有制动管和挠性软管的接头，确保没有丝毫制动液泄漏，即使可能感觉到制动踏板坚实且稳固。

有□；无□。存在问题：＿＿＿＿＿＿＿

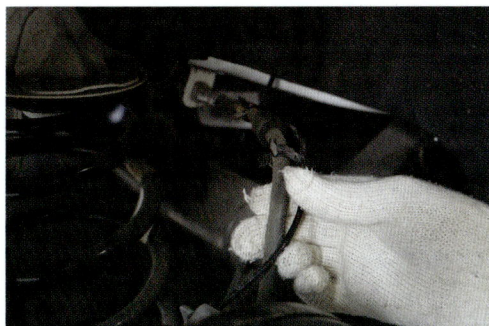

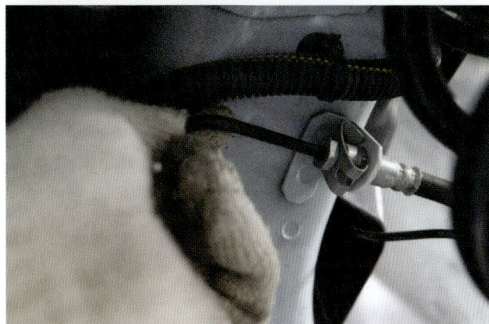
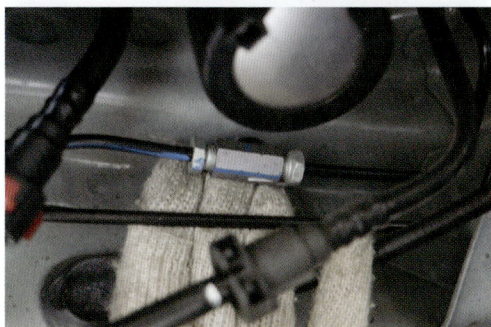
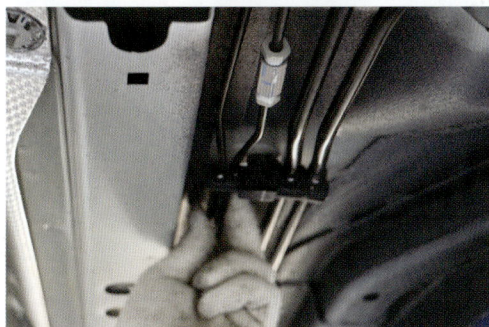

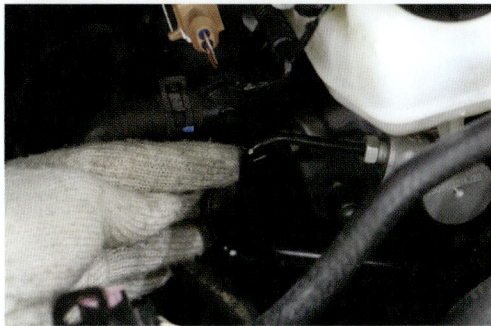

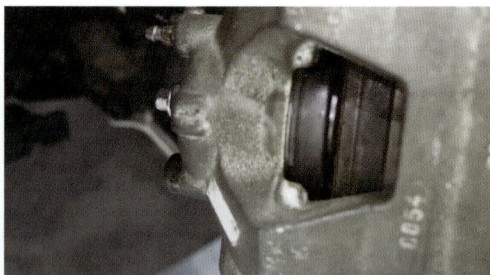

（6）总泵储液罐周围略有湿润可被视为正常现象,但如果有任何制动系统部件泄漏制动液,则需立即引起重视。

提示　　如有任何上述部件出现制动液泄漏迹象,则修理或更换这些部件。在修理或更换后,重新检查液压制动系统以确保实现正常的功能。

4. 制动系统内部泄漏测试

（1）启动发动机并怠速运行。

（2）用稳固的力轻踩制动踏板,感觉制动踏板松紧并观察其行程。

（3）松开制动器并将点火开关置于OFF(关闭)位置。

（4）如果制动踏板感觉绵软,但制动踏板行程不过大,则执行以下步骤:

① 检查制动系统是否存在外部泄漏。

② 用压力排出制动系统中的空气,以清除系统中夹带的所有空气。

（5）如果制动踏板感觉不绵软,但制动踏板行程过大,则执行以下步骤:

① 松开总泵至制动助力器的安装螺母。

② 从制动助力器中小心地适量拔出总泵,以检查总泵的安装面。

③ 检查主活塞上的总泵安装面制动液是否泄漏。

有□;无□。存在问题:＿＿＿＿＿＿＿

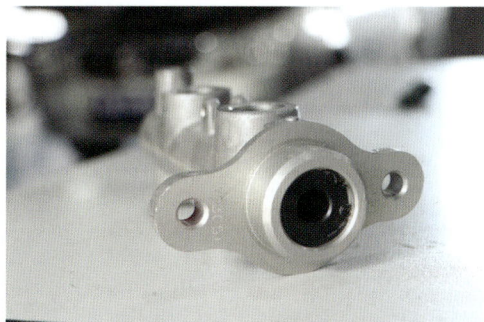

提示 如果总泵的主活塞周围出现任何泄漏,然后主活塞的主密封件和/或辅助密封件发生泄漏,则总泵需要大修或者更换。

如果总泵主活塞没有泄漏迹象,则用压力排出制动系统中的空气。

如果制动踏板感觉不绵软并且制动踏板行程起初稳定且不过大,但随后逐渐降低,则由于辅助活塞主密封件或辅助密封件经过辅助活塞的位置存在内部泄漏,从而导致总泵需要大修或者更换。

如果制动踏板感觉不绵软,制动踏板行程开始时稳定且不过大,随后略微下降,然后再变得稳定,则制动压力调节阀(BPMV)可能存在内部泄漏,需要更换。

5. 制动踏板行程的测量和检查

(1)点火开关置于 OFF(关闭)位置且制动器处于冷态时,踩下制动踏板 3~5 次,或直到制动踏板变得坚实,以耗尽真空制动助力器储备的能量。

(2)测量并记录制动踏板至方向盘轮缘的距离,记录测量点。

测量数值:＿＿＿＿＿＿＿＿＿ mm。

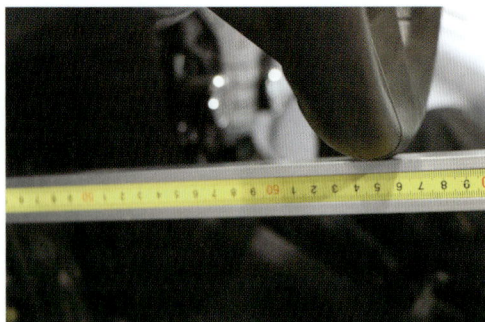

（3）在制动踏板上施加 445 N 的作用力并保持。

（4）同时测量并记录从制动踏板上相同点到方向盘轮缘上相同点之间的距离。

测量数值：_____ mm。

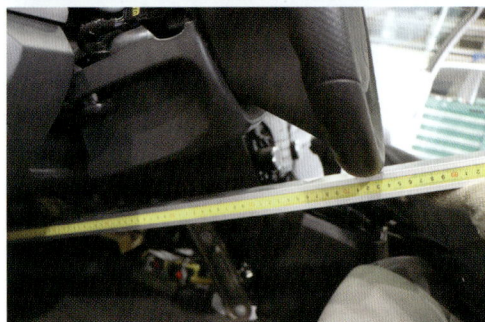

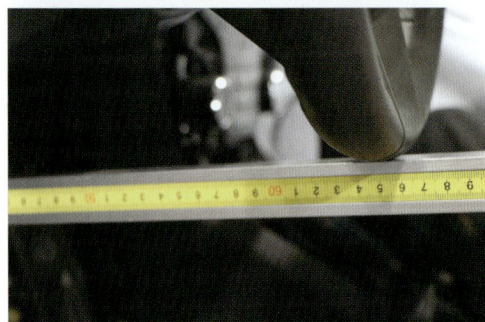

（5）松开制动器，重复步骤（2）～（4），以获得第 2 个测量值。

测量数值：_____ mm。

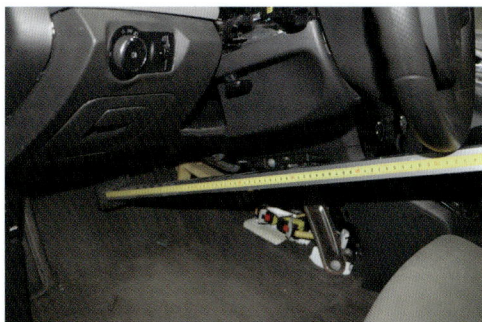

（6）将两次施加制动器时记录的 2 个测量值进行平均。

平均数值：_____ mm。

（7）从施加制动时的平均测量值减去未施加制动时的初始测量值，就是制动踏板的行程距离。

行程：_____ mm。

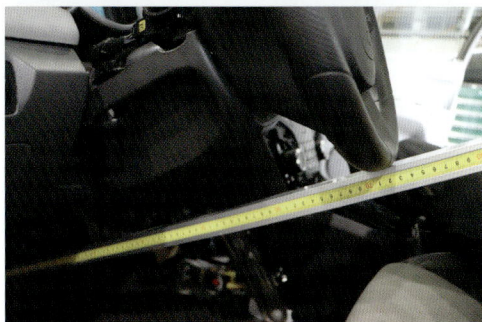

6. 制动系统真空源测试

提示
● 发动机温度、附件负载和海拔高度将会影响发动机真空。

● 海拔高度每升高 305 m（1000 ft），真空读数将降低约 2.7 kPa（0.8 inHg）。

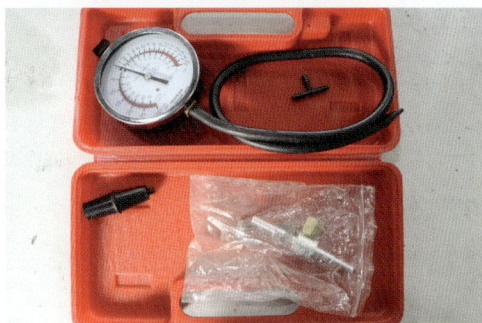

驾驶员经常抱怨这种现象："当长时间踩制动踏板时，制动踏板会直接到达地板上"和/或"制动踏板绵软"。

定义：如遇到交通指示灯或交通堵塞时，长时间踩制动踏板，真空可能耗尽，从而缩短制动踏板行程，但一旦出现真空，踏板行程会很快恢复到初始高度。

（1）点火开关置于 OFF（关闭）位置。

（2）重复踩压制动踏板以减少制动助力器中的负压。

（3）检查制动助力器。

① 踩下制动踏板且保持压力不变。

② 将制动真空表的 T 型接头连接在制动助力器的真空管上。

提示　　　如果制动踏板进一步下降，则制动器系统运行良好。如果制动踏板未下降，则检查真空系统（真空管、非回流阀）。如果未发现故障，则更换电动制动助力器。

③ 启动发动机。

④ 观察并记录测量制动真空表中的数值。

测量数值：_____

⑤ 将测量值与标准值进行对比。

是否正常：_____

制动助力器是否正常：_____

⑥ 拆下制动真空表，恢复安装。

7. 清洁整理工作现场

整理、整顿、清扫、清洁。

七、 模块练习

要求：完成练习。

八、 模块评价

过程、结果评价。

液压制动系统的排气及制动液的更换

一、模块作用

制动液使用时间长了,表面上虽然没多大影响,但当车辆在紧急制动或者长期在下坡路段行驶的时候,就容易出现问题。制动系统在长期或者紧急刹车的过程中,会使制动液温度迅速上升。制动液本身有较强的吸水特性,它会吸收周围空气中的水分,日积月累的水分进入制动液中会直接引起制动液沸点下降,制动力下降。同时会导致制动管路中产生气阻,从而影响制动性能。另外,水分还会腐蚀刹车管路,导致防抱死制动(ABS)液压总成的内部阀门损坏,严重影响制动的传递反应。再者,制动液使用时间久了,也会导致制动分泵里的皮碗及活塞有所磨损,造成制动液混浊。

制动管路系统零件拆装或更换后,或者制动系统中有空气,或者制动踏板发软,或者制动系统渗漏造成制动液缺失,或者用制动液检测仪检测制动液中的含水率高,凡是存在这些问题均需更换制动液。

更换制动液的时间最好是:4万公里或者是2年换一次(依照先到为准),如果当地的多雨潮湿天气的天数比较多,建议3万公里或者是1.5年进行更换(也是依照先到为准)。

二、模块分析

本模块主要学习制动辅助系统的组成及其作用;制动辅助系统的工作过程;制动助力器真空辅助系统的组成;制动液的使用注意事项;制动警告系统的工作过程;液压制动系统的组成、作用及其工作过程;更换制动液及制动管路排气的步骤及注意事项。通过实践操作,会对制动总泵进行排气;能熟练添加制动液;能熟练拆装总泵、制动压力调节阀孔口处的制动管接头;能熟练排出总泵、制动压力调节阀中的空气;能熟练对制动系统进行放气或更换制动液。

液压制动系统的排气及
制动液的更换

| 模块链接符号： | 动画、视频链接 | 资料、手册、理论链接 | 警示 | 操作指示 | 模块练习 | 模块评价 |

三、模块目标

知识目标　理解制动辅助系统的组成及其作用
　　　　　掌握制动辅助系统的工作过程
　　　　　掌握制动助力器真空辅助系统的组成
　　　　　掌握制动液的使用注意事项
　　　　　掌握制动警告系统的工作过程
　　　　　掌握液压制动系统的组成、作用及其工作过程
　　　　　掌握更换制动液及制动管路排气的步骤及注意事项

技能目标　会对制动总泵进行排气
　　　　　能熟练添加制动液
　　　　　能熟练拆装总泵、制动压力调节阀孔口处的制动管接头
　　　　　能熟练排出总泵、制动压力调节阀中的空气
　　　　　能熟练对制动系统进行放气或更换制动液

四、模块要求

质量要求　维修作业前,准备工作充分,动作准确熟练到位
　　　　　添加制动液后的液位符合规范
　　　　　对制动系统放气或更换制动液时,应确保排气后管路中没有气体,制动液更换彻底、干净
　　　　　操作完成后,确保制动系统没有外部泄漏

安全要求　遵守维修作业前车辆检查的安全要求
　　　　　遵守举升和顶起车辆的安全要求
　　　　　遵守制动液使用的安全要求
　　　　　遵守使用制动器清洗剂的安全要求
　　　　　遵守操作个人防护要求

文明要求　　　操作过程中及时清理干净溢出或溅出的制动油液

遵守 5S 规定

遵守废物归类的要求

时间要求　　　180 分钟

设备要求　　　(1) 本课程常用工具、设备、仪器

(2) 雪佛兰科鲁兹车辆

(3) 带台虎钳的钳工桌、制动器排气适配器、方
头扳手 8～17 mm 1 套、透明容器

耗材要求　　　毛刷、铜制制动软管垫圈、工业酒精或制动器清洗剂

备件：车轮螺栓、制动排气阀、制动排气阀帽

五、 模块步骤

第一步　　　使用制动器压力排气器对液压制动系统进行排气

第二步　　　运用故障诊断仪对制动系统放气或更换制动液

第三步　　　人工对制动系统进行放气或更换制动液

第四步　　　安装四个车轮，降下车辆

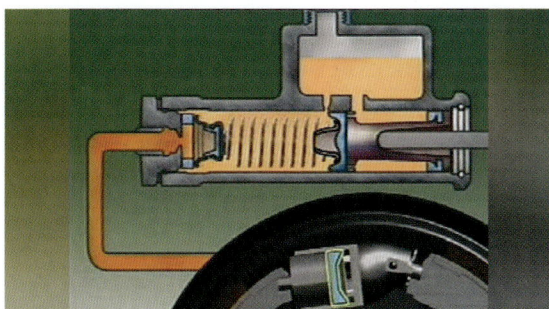

Ⅱ循环

x 循环　　　　　　　　　　　两条制动线路相互交叉

在交叉制动线路中，每一条制动线路都交叉地作用于一个前轮
和一个对角线方向后轮

六、模块实施

1. 使用制动器压力排气器对液压制动系统进行排气

向制动液储液罐或离合器储液罐中添加制动液时,仅使用清洁、密封容器中的DOT-4+制动液。这种聚乙二醇制动液吸湿且吸潮。请勿使用开口容器中可能受水污染的制动液。不正确或受污染的油液可能会导致系统部件的损坏。

(1)将清洁的抹布放在制动总泵下方以防止制动液溢出。

(2)当点火开关置于"OFF(关闭)"位置且制动器处于冷态时,踩下制动踏板3~5次,直到制动踏板力明显增大,以耗尽制动助力器储备的能量。

(3)如果已经执行了制动总泵台钳排气,或从总泵上断开了制动管,或从比例阀总成或制动调制器总成断开了制动管,则必须执行以下步骤以便在液压部件孔口排出空气:

提示 如果必须拆下储液罐盖和膜片,则在拆卸前清洁罐盖上面及周围的储液罐外侧表面。

① 确保制动总泵储液罐已被加注至最满位置。

提示 必要时,添加新的制动液至最满位置。对于制动压力调节阀,按系统流程图中给定的顺序执行这些步骤,从来自总泵的供液管开始。

② 从总泵、制动压力调节阀的制动管孔口处松开并将其拆下。

③ 让少量制动液在重力作用下从开口处流出。

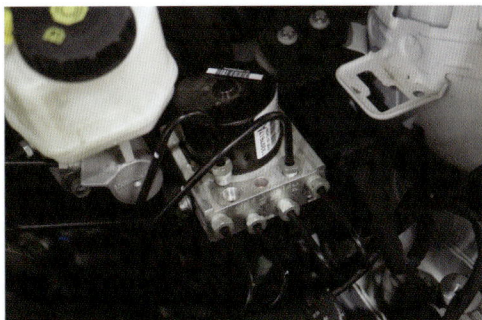

④ 将制动管重新连接至部件孔口并牢固紧固。

⑤ 让助手缓慢地将制动踏板踩到底，并在踏板上保持稳定的压力。

⑥ 松开该制动管，以便从部件打开的孔口处排出空气。

⑦ 紧固制动管，然后让助手缓慢地松开制动踏板。

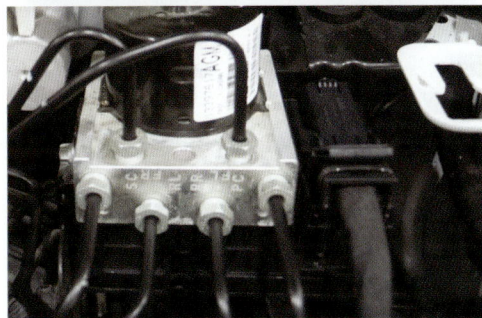

⑧ 等待 15 s，然后重复步骤③～⑦，直到从总泵的同一端口处排出所有空气。

⑨ 在前制动管牢固地安装至总泵、比例阀总成或制动调制器总成时，在所有的空气从部件的第一个孔口排出后，从部件上松开下一个制动管并将其拆下，然后重复步骤③～⑧，直到部件的每个孔口都已排气。

⑩ 在完成最后的部件孔口排气程序后，确保每个制动管至部件的接头都正确紧固。

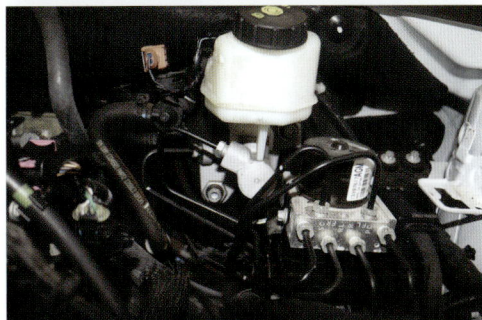

> 提示
>
> 在拆下储液罐盖和膜片前，清洁储液罐上及盖周围的外侧表面。

（4）拆下制动总泵储液罐盖。

（5）用存放在清洁的、密封的制动液容器中的制动液，加注制动总泵储液罐至最满位置。

（6）将制动器压力排气器适配器安装至制动总泵储液罐。

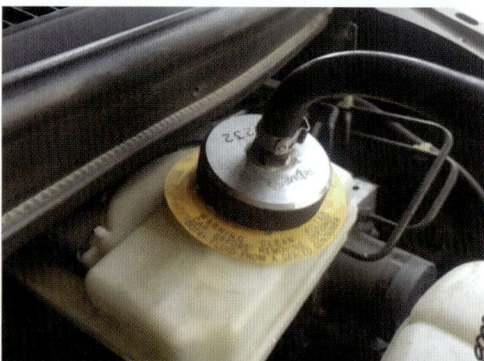

（7）检查制动器压力排气器中的制动液液位。

提示　加注清洁的、密封的制动液容器中新的制动液，液位大约达到半满位置。

（8）再次检查排气适配器与制动总泵储液罐的安装情况。

（9）举升车辆，拆下四个车轮，再降下车辆。

（10）将制动器压力排气器气罐用压缩空气加压至 175～205 kPa。

压力：＿＿＿＿＿＿＿＿＿＿＿＿＿＿

（11）打开制动器压力排气器或同等工具的储液灌阀，使加压的制动液流入制动系统。

提示 如果发现制动液泄漏，则应该修理后再进行操作。

（12）等待约 30 s，然后检查整个液压制动系统，确保不存在制动液外部泄漏。

（13）将合适的扳手安装至右后车轮液压回路放气阀上。

（14）将透明软管安装至放气阀端口。

（15）将透明软管的开口端浸入透明容器中。

（16）松开放气阀，排出车轮液压回路中的空气。让制动液流动，直到放气装置不再放出气泡，然后拧紧放气阀。

（17）牢牢紧固右后车轮液压回路放气阀，从右后液压回路中放出所有空气后，用适当的方头扳手安装到左前车轮液压回路放气阀上。

（18）将透明软管安装至左前、左后、右前放气阀端，然后重复步骤(13)～(16)。

提示 本车制动系统放气的排气顺序是：右后轮、左前轮、左后轮、右前轮。

对汽车车轮制动器的液压系统进行排气顺序因制动系统的管路数量、布置形式和制动管的长短的不同而不同。排气时遵循距离总泵最远的车轮开始、先远后近的原则。普遍的制动系统的排气顺序是：右后轮—左后轮—右前轮—左前轮，或左前轮—左后轮—右后轮—右前轮。

制动系统排气的目的无非就是彻底换掉旧油，排尽空气，如果有空气会影响制动效果，涉及制动安全。

前轮的管路离总泵近，后轮的离总泵远。在更换制动油液时，如果先排近的前轮，原来在后轮的管路里的气还存在，排不干净气体，制动性能还是不好。因此，首先应该将后轮管路中的旧制动液排放干净或后轮管路中的空气排放干净，再进行由远到近的操作。

应该按照车辆的维修手册来操作，不能死板根据原则。比如某些车型的制动系统手册关于换油顺序要求如下：

（1）更换主缸或 ABS 系统中的制动液时，请遵循如下顺序：左前→右前→左后→右后。

（2）更换制动卡钳或制动缸的制动液时，请遵循如下顺序：拆除制动卡钳或制动缸→左前→右前→左后→右后。可见，手册描述的换油顺序与普遍说法是不一致的。

（19）在完成最后一个车轮液压回路放气程序后，确保4个车轮液压回路放气阀都被正确紧固，并已紧固至 17 N·m。

紧固扭力：_____

（20）关闭制动器压力排气器储液罐阀，然后将排气器从排气器适配器断开。

（21）将制动器压力排气器适配器从制动总泵储液罐上拆下。

（22）加注制动总泵储液罐至最满位置，安装制动总泵储液罐盖。

提示 　　清理任何溢出的制动油液。确保制动油液没有飞溅到转子或制动片上。

如果有任何液体溢出，用制动器清洁喷雾清理干净。

（23）缓慢地踩下并松开制动踏板。

提示 　　注意制动踏板感觉。制动踏板逐步踩下应能感觉踏板力变大，踩到底时有紧实感。

（24）如果制动踏板感觉绵软，则执行如下步骤：

① 检查制动系统是否存在外部泄漏。

② 由于装备了防抱死制动系统，使用故障诊断仪执行防抱死制动系统自动排气程序，以清除制动压力调节阀中可能夹带的所有空气。

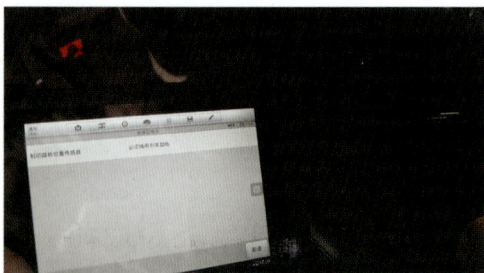

提示 如果制动系统警告灯保持点亮，则禁止车辆行驶，直到对其完成诊断和修理。

（25）在发动机关闭的情况下，将点火开关置于 ON（打开）位置，查看制动系统警告灯是否保持点亮。

2. 运用故障诊断仪对制动系统放气或更换制动液

提示 对制动系统放气是为了保证气体排出 ABS 液压控制系统、制动管路、制动总泵和分泵，使之充满制动液。

本车制动系统的排气顺序为右后轮、左前轮、左后轮、右前轮。

对汽车车轮制动器的液压系统进行排气顺序因制动系统的管路数量、布置形式和制动管的长短的不同而不同。

（1）拧下储液罐盖，加满制动液，注意不要使制动液沾在油漆上，如沾上应立即清洗。

（2）把放气管连接在制动轮缸放气孔上，另一端插入装有一些制动液的容器内。

（3）把故障诊断仪检测插头连接到诊断插座，打开点火开关。

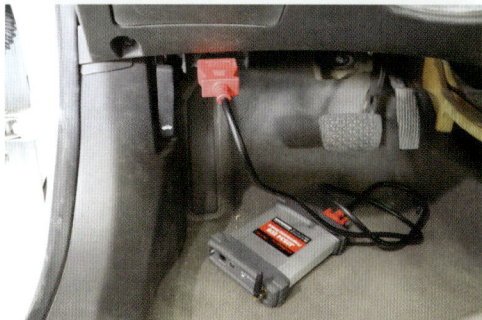

（4）按"YES"键，操作回流泵转动和电磁阀关闭。

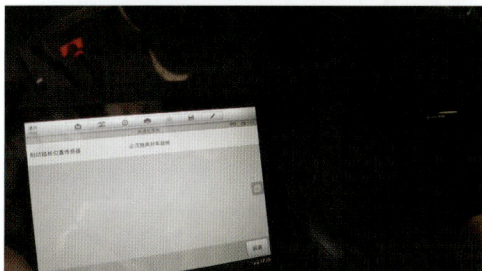

（5）再按"YES"键，就可以放气或更换制动液。

提示　电动机转动时间不要超过60 s，以保护电动机不被损坏。

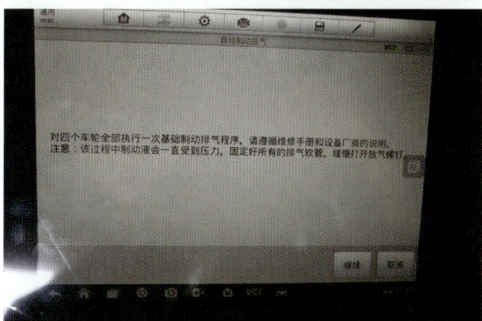

（6）两人合作，反复几次踩制动踏板，踩住不动时松开放气螺塞，直到制动液流出并无气泡流出时拧紧放气螺塞。

（7）按步骤（6）的方法重复几次，直到放气孔中没有气泡流出，以规定转矩17 N·m拧紧放气螺塞。

紧固扭力：_____

> **提示** 在双回路的系统中，动过哪个回路管子，就放哪个回路的气。

如果不行，再放另一个回路的气。每次放气应放到流出的油中无气泡为止。各分泵放气顺序是：右后轮、左前轮、左后轮、右前轮，同时在放气时应使发动机怠速运转。

放气时，旋松前后制动器的放气阀（螺钉），踩下制动踏板待制动液流出后，同时旋紧放气阀，抬起制动踏板；再次旋松放气阀并踩下制动踏板，待制动液流出后，再旋紧放气阀。这样反复几次，直到流出的制动液中无气泡为止。流出的制动液要放入容器中。放气阀旋紧力矩应按规定要求，力矩过大会损坏泵体。

3. 人工对制动系统进行放气或更换制动液

（1）拧下制动液罐盖，加满制动液，注意勿将制动液滴在车身上，如油漆沾上制动液应立即清洗干净，以免腐蚀油漆。

（2）两人协作,按顺序对各车轮轮缸放气或更换。

（3）在制动轮缸放气孔上插上软管,将另一端插入容器中。

（4）一名操作者在车上踩若干次制动踏板。

（5）在踩住制动踏板的情况下,另一名操作者拧松放气螺塞,直到流出制动液时再拧紧,然后抬开制动踏板。

（6）按步骤（4）、（5）重复进行，直到放气孔中无气泡流出，按规定力矩 17 N·m 拧紧放气螺塞。

紧固扭力：＿＿＿＿＿＿＿＿＿＿＿

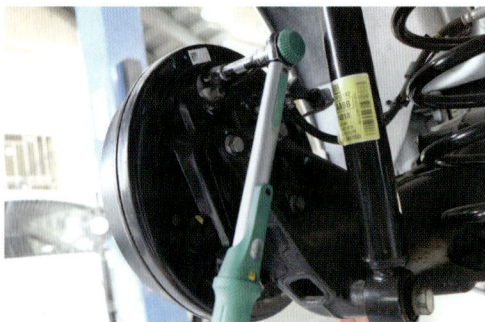

4. 安装四个车轮，降下车辆

5. 清洁整理工作现场

整理、整顿、清扫、清洁。

七、 模块练习

要求：完成练习。

八、 模块评价

过程、结果评价。

模块三

前盘式制动器

一、模块作用

在定期对盘式制动器进行维护时，或对发生制动时有噪声、制动力不足、制动活塞漏油、制动发卡、制动片严重磨损、制动盘摩擦面烧损等故障进行维修时，或在维修悬架系统时，或在维修前驱车辆传动系统驱动轴时，要拆装盘式制动器。

二、模块分析

本模块主要学习盘式制动系统的组成、作用及其工作过程；盘式制动系统紧固件的紧固规格；盘式制动器的部件规格；制动液储液罐盖和制动液储液罐真空盖的结构及其作用；汽车制动摩擦片的构造、组成和类型；如何更换制动摩擦片及注意事项；制动盘的修整及更换。通过实践操作，会熟练装拆制动液储液罐真空盖；会拆装轮胎和车轮总成、制动软管、制动钳、盘式制动片、制动片固定弹簧、制动钳托架、制动盘、轮速传感器、车轮轴承/轮毂、前制动器防溅罩；能对前制动钳进行大修，会装配前制动钳；能检查制动钳壳体安装在制动钳安装托架上、制动钳导销和导销护套、盘式制动片安装构件、制动片固定弹簧、制动钳托架、制动钳、制动钳活塞的状况；能测量制动片的厚度、制动盘表面磨损状况、制动盘厚度及厚度偏差、制动盘装配后的横向跳动量；会检查排气阀、制动钳安装孔；启动发动机，能对液压制动系统进行排气。

前盘式制动器

模块链接符号：

动画、视频链接　资料、手册、理论链接　警示　操作指示　模块练习　模块评价

三、 模块目标

知识目标　掌握盘式制动系统的组成及其作用

掌握盘式制动系统的工作过程

掌握盘式制动系统紧固件的紧固规格

理解盘式制动器的部件规格

认识制动液储液罐盖和制动液储液罐真空盖的结构及其作用

掌握汽车制动摩擦片的构造、组成和类型

掌握如何更换制动摩擦片及注意事项

掌握制动盘的修整及更换

技能目标　装拆制动液储液罐真空盖

拆装轮胎和车轮总成、制动软管、制动钳、盘式制动片、制动片固定弹簧、制动钳托架、制动盘、轮速传感器、车轮轴承/轮毂、前制动器防溅罩

对前制动钳进行大修,装配前制动钳

检查制动钳壳体安装在制动钳安装托架上的状况

检查制动钳导销和导销护套的状况

检查盘式制动片安装构件的状况

检查制动片固定弹簧的状况

检查制动钳托架、制动钳、制动钳活塞的状况

检测制动片的厚度、制动盘表面磨损状况、制动盘厚度及厚度偏差、制动盘装配后的横向跳动量

检查排气阀、制动钳安装孔

启动发动机,能对液压制动系统排气

四、 模块要求

质量要求　维修作业前,准备工作充分,动作准确熟练到位

熟练、规范地拆装轮胎和车轮总成、制动软管、制动钳、盘式制动片、制动片固定弹簧、制动钳托架、制动盘、轮速传感器、车轮轴承/轮毂、前制动器防溅罩,安装后各零部件工作正常

熟练拆装制动液储液罐真空盖

熟练对前制动钳进行大修,规范装配前制动钳

正确、规范地检查零部件安装及其磨损状况,准确判断实际状况

规范检测制动片的厚度、制动盘表面磨损状况、制动盘厚度及厚度偏差、制动盘装配后的横向跳动量,测量数值准确

对液压制动系统排气干净、彻底

螺栓紧固的扭力符合要求

安全要求	遵守维修作业前车辆检查的安全要求
	遵守制动液的使用要求
	遵守断开、连接电气连接器的操作规范
	遵守拆装轮胎和车轮总成的安全要求
	遵守顶起、举升、降下车辆的安全注意事项
	遵守操作时的个人防护要求
文明要求	遵守工具、仪器合理使用的要求
	遵守 5S 规定
	遵守废物归类的要求
时间要求	225 分钟
设备要求	(1) 本课程常用工具、设备、仪器
	(2) 雪佛兰科鲁兹车辆
	(3) 制动盘锥形垫圈、制动系统真空测试仪、制动液储液罐真空盖
耗材要求	塑料薄膜、铜制制动软管垫圈、耐高温灭音膏、高温硅润滑剂、报废的同型号内侧制动片或木块、工业酒精或制动器清洗剂、砂轮盘、金属砂布、制动液
	备件：车轮轴承/轮毂安装螺栓、制动钳托架螺栓、制动活塞密封件、车轮螺栓、前制动摩擦片、制动钳导销护套、制动片固定弹簧、制动钳活塞防尘密封罩、制动排气阀、制动排气阀帽

五、模块步骤

第一步	维修前准备
第二步	拆卸
第三步	制动片的检测
第四步	制动盘的检测
第五步	制动钳的检查
第六步	前制动钳的大修
第七步	装配前制动钳
第八步	安装前制动器防溅罩
第九步	清洁轮毂/车桥法兰和制动盘的接合面
第十步	制动盘装配后横向跳动量的测量
第十一步	安装前制动钳托架
第十二步	安装前制动钳构件
第十三步	安装前盘式制动片
第十四步	安装前制动钳
第十五步	安装制动软管
第十六步	后续作业

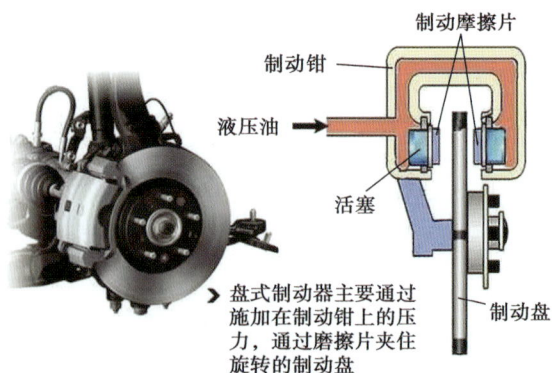

制动摩擦片
制动钳
液压油
活塞
制动盘

▷ 盘式制动器主要通过施加在制动钳上的压力，通过磨擦片夹住旋转的制动盘

为保证刹车功能正常，需要定期检查

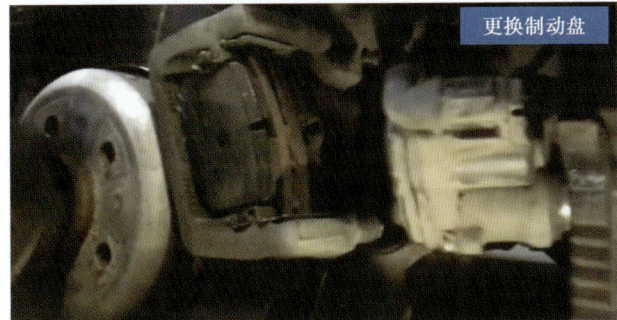

更换制动盘

C 更换制动钳

Required tools:

六、模块实施

1．维修前准备

详见"模块：维修作业前准备工作"相关操作。

2．拆卸

（1）检查制动总泵储液罐中的液位。

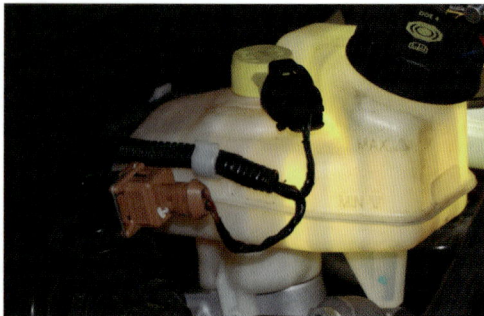

> **提示** 如果制动液液位处于最满标记和最低允许液位之间的中间位置，则在开始本操作前不必排出制动液。
>
> 如果制动液液位高于最满标记和最低允许液位之间的中间位置，则在开始前应将制动液排出至中间位置。
>
> 处于什么位置：_____。

（2）拆下制动液储液罐盖并安装真空盖，以防止制动液流失和污染。

> **提示** 制动液储液罐盖内侧有沟槽，外界的大气可以进入制动液储液罐，保证制动液可以流到制动总泵，而制动液储液罐内的气体不能流出。
>
> 制动液储液罐真空盖内侧没有沟槽，使制动液储液罐内外不相通。
>
> 如果没有真空盖，则可以用一块塑料薄膜先盖住制动液储液罐口，再盖上制动液储液罐盖，从而保证制动液储液罐内外空气不相通。

（3）顶起和举升车辆。

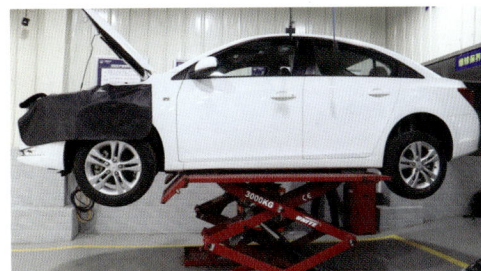

（4）拆下轮胎和车轮总成。

提示 拆卸轮胎螺栓应对角进行。拆卸下的轮胎螺栓排放整齐于工具车上。

（5）抓住制动钳壳体，并试着相对于制动钳安装托架上/下和前/后方向移动制动钳壳体。

提示 　　如果过于松动，则可能需要更换制动钳托架衬套和/或制动钳安装螺栓。

是否存在松动状况：是□；否□

（6）将制动软管至制动钳的螺栓从制动钳上拆下。

（7）将制动软管从制动钳上拆下。

提示 　　这些垫圈可能会粘在制动钳和/或制动软管端上。
　　拆下并报废铜制制动软管垫圈。

（8）盖上或塞住制动钳和制动器软管开口，以防止制动液流失和污染。

（9）拆下制动钳导销螺栓。

（10）将制动钳从制动钳托架上拆下。

（11）检查制动钳导销是否自由移动，并检查导销护套的状况。在支架孔内，里外移动导销，但滑动时不能脱离护套，并查看是否有以下状况：

- 制动钳导销移动受限；
- 制动钳安装托架松动；
- 制动钳导销卡死或卡滞；
- 护套开裂或破损；
- 护套缺失。

提示　　如果发现上述任何状况，则需要更换制动钳导销和/或护套。

是否有这些状况：是□；否□

（12）将制动钳导销从制动钳安装托架上拆下。

（13）将制动钳导销护套从制动钳安装托架上拆下。

（14）拆下并报废制动钳托架螺栓。

（15）将盘式制动片从制动钳安装托架上拆下。

（16）检查盘式制动片安装构件是否存在以下状况：

- 安装构件缺失；
- 严重腐蚀；
- 衬垫固定件弹簧弯曲；
- 制动钳安装托架松动；
- 盘式制动片松动；
- 制动钳安装托架表面和螺纹污染物过多。

如果发现上述任何状况，则需更换盘式制动片的安装构件。

确保盘式制动片在制动钳安装托架上固定到位，而且在安装构件上滑动顺畅，没有卡滞现象。

是否存在这些状况：是□；否□

（17）将制动片固定弹簧从制
动钳托架上拆下。检查制动片固
定弹簧是否存在以下状况：

- 安装凸舌弯曲；
- 严重腐蚀；
- 制动钳安装托架松动；
- 盘式制动片松动。

提示　　　　如果发现上述任何状况，则
需更换盘式制动片的固定件。

是否存在这些状况：是□；否□

（18）将制动钳托架从转向节上拆下。
检查制动钳托架是否出现弯曲、裂纹或
损坏。

提示　　　　如果制动钳托架出现弯曲、
裂纹或损坏，则务必予以更换。

是否有这些状况：是□；否□

（19）标注装配标记，拆下制动盘螺钉。

（20）将制动盘从轮毂上拆下。

（21）拆下轮速传感器螺栓。

（22）拆下轮速传感器。

（23）将轮速传感器线束从转向节上拆下。

（24）拆下并报废车轮轴承/轮毂安装螺栓。

（25）拧开车轮轴承/轮毂螺母。

（26）将车轮驱动轴与车轮轴承/轮毂分离,并将车轮轴承/轮毂拆下。

（27）将前车轮轴承/轮毂和前制动器防溅罩从转向节上拆下。

3. 制动片的检测

（1）清洁制动片。

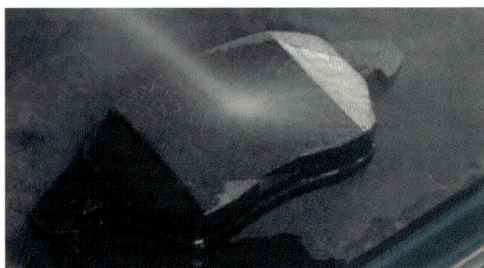

（2）使用游标卡尺在多个点处测量剩余的制动片厚度。

（3）将制动片厚度与盘式制动器组件规格比较。

提示　查阅维修手册，将制动片厚度与盘式制动器组件规格比较。如果低于标准，则更换。

实际值＝总厚度－钢背板厚度

新的不带制动衬片的制动片厚度	12 mm
不带制动衬片的制动片的报废厚度	2 mm

填写实测值，单位：mm（保持小数点后两位）。

	位置1	位置2	位置3	位置4	位置5	位置6
测量1						
测量2						
测量3						
钢背板厚度						
最小厚度						
是否符合标准：	符合□			不符合□		

4. 制动盘的检测

1）制动盘表面和磨损检查

（1）用工业酒精或经许可的同等制动器清洗剂，清洁制动盘的摩擦面。

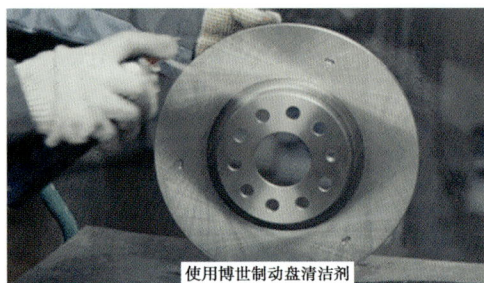

使用博世制动盘清洁剂

（2）检查制动盘摩擦面。

提示 是否存在"制动盘表面状况"：

● 严重锈蚀和/或点蚀。

● 轻度表面锈蚀可用砂轮盘清除。重度表面锈蚀和/或点蚀必须通过对制动盘重新抛光进行清除。

● 开裂和/或灼斑。

● 严重变蓝。

如果制动盘的摩擦表面出现上述一种或几种"制动盘表面状况"，则制动盘需要表面修整或更换。

是否有这些状况：是□ ；否□

（3）使用千分尺测量，测量并记录制动盘摩擦面上所有划痕的深度。

提示 查阅维修手册，将记录的凹槽的划痕深度与盘式制动器组件规格相比较。

如果制动盘划痕深度超过此规格或划痕过多，则制动盘需要进行表面修整或更换。

是否符合标准： 符合□ 不符合□

2）制动盘的厚度测量

（1）使用千分尺，测量并记录制动盘圆周上均匀分布的 4 个或更多个点的最小厚度。确保仅在摩擦面内进行测量，且每次测量时千分尺与制动盘外缘的距离相等，约 13 mm。

记录这8个位置的厚度数据

提示 ● 千分尺在测量前必须进行校零。

● 确保仅在摩擦面内进行测量，且每次测量时千分尺与制动盘外缘的距离相等，为 10～13 mm。

● 每个位置测量 3 次。

填写实测值，单位：mm（保持小数点后三位）。

位置 1	位置 2	位置 3	位置 4	位置 5	位置 6	位置 7	位置 8
最小厚度							

13 mm

查阅维修手册,将最小厚度测量值与盘式制动器组件规格相比较。

如果制动盘的最小厚度测量值大于表面修整后最小允许厚度规格,则可根据可能出现的表面状况和磨损情况对制动盘进行表面修整。

如果制动盘的最小厚度测量值等于或小于表面修整后最小允许厚度规格,则不能对制动盘进行表面修整,需要更换。

如果制动盘的最小厚度测量值等于或小于报废厚度规格,则制动盘需要更换。

是否符合标准: 符合□
不符合□

3）制动盘厚度偏差的测量

（1）计算所记录的最高和最低厚度测量值之差,得出厚度偏差值。

厚度偏差值为：_____ mm。

查阅维修手册,将厚度偏差测量值与盘式制动器组件规格相比较。

如果制动盘厚度偏差测量值超出最大允许值,则会引起制动器脉动。

如果制动盘厚度偏差测量值超过规格,则制动盘需要进行表面修整或更换。

5. 制动钳的检查

（1）检查制动钳壳体是否开裂、严重磨损和/或损坏。

如果有开裂、严重磨损和/或损坏等状况出现,则需更换制动钳。

是否有这些状况: 是□ 否□

（2）检查制动钳活塞防尘密封罩是否开裂、破裂、有切口、老化和/或未正确安装在制动钳体上。

如果活塞防尘密封罩有开裂、破裂、切口、老化和/或未正确安装在制动钳体上等状况出现，则需更换制动钳。

是否有这些状况： 是□ 否□

（3）更新制动钳排气阀帽，若丢失应补齐。

（4）检查排气阀是否阻滞。
排气阀是否阻滞： 是□ 否□

（5）检查制动钳活塞在制动钳孔中是否能平滑移动且完成行程。将报废的内侧制动片或木块插到活塞前部。将一个大型的 C 形夹钳安装在制动钳上并抵住制动片或木块，使活塞在制动钳孔内缓慢地移动到底部。

制动钳活塞在制动钳孔中的移动应平滑且均匀。如果制动钳活塞卡住或难以移动到底，则需要大修或更换制动钳。

6. 前制动钳的大修

（1）通过将低压压缩空气通过制动液进孔吹入制动钳，将制动钳活塞从制动钳孔中拆下。

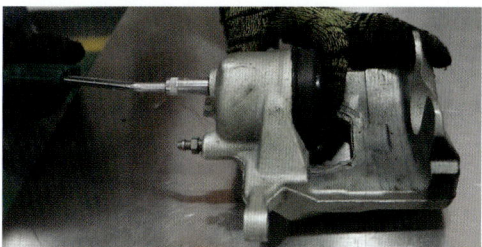

在施加压缩空气时，不要将手指放在制动钳活塞前部来抓住或护住活塞。活塞可能会猛的飞出去，并可能导致严重的人身伤害。

在拆卸活塞时，将清洁的布垫在制动钳壳体内部。仅施加适量的压缩空气，使活塞缓慢地离开制动钳孔。如果活塞是被吹出的，则即使使用了布垫，仍可能损坏。

（2）将活塞防尘密封罩从制动钳内的密封件沉孔中拆下，报废密封罩。

（3）使用小号木质或塑料工具，拆下制动钳孔上的活塞密封件，报废活塞密封件。

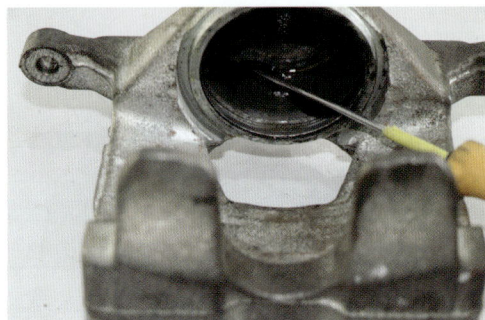

（4）拆下放气阀盖，拆下放气阀。

（5）用工业酒精或同等产品清洁制动钳活塞孔、密封件扩孔和制动钳活塞。

注意：切勿用研磨剂清洁制动钳活塞。

如果制动钳孔存在开裂、划伤、点蚀、严重锈蚀和/或严重腐蚀，则更换制动钳总成。

如果制动钳孔存在轻度锈蚀或轻度腐蚀，则尝试用细砂纸清除缺陷。如果不能清除缺陷，则更换制动钳总成。

（6）用不含润滑脂并经过过滤的压缩空气干燥制动钳活塞孔、扩孔和活塞。

（7）检查制动钳活塞是否存在开裂、划伤和/或损坏镀层。

如果存在任何上述状况，则更换制动钳活塞。

是否存在开裂、划伤和/或损坏镀层：
是☐ 否☐

（8）检查制动钳安装孔是否存在开裂、划伤、点蚀或锈蚀和/或严重腐蚀的现象。

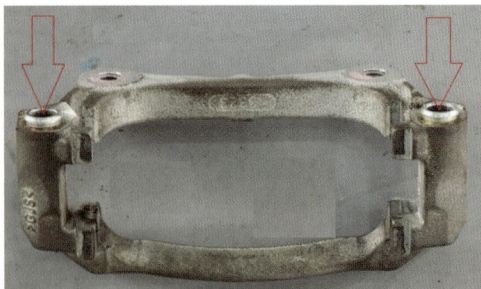

提示　如果存在任何上述状况，则更换制动钳总成。

是否存在开裂、划伤、点蚀或锈蚀和/或严重腐蚀：是□　否□

7. 装配前制动钳

（1）用存放在清洁、密封的制动液容器中的制动液润滑新的活塞密封件，并安装到制动钳孔内。

（2）在清洁的、密封的制动液容器上涂抹一薄层新的制动液。

（3）将制动钳活塞的下半部分安装到制动钳孔内。

（4）将新的活塞防尘密封罩安装到制动钳活塞上。

（5）将制动钳活塞按压至制动钳孔的下端。

（6）将活塞防尘密封罩完全放入制动钳沉孔中。

（7）将排气阀安装至制动钳，并将排气阀紧固至 17 N·m。

紧固扭力：_____

（8）安装放气阀盖。

8. 安装前制动器防溅罩

（1）将前制动器防溅罩和车轮轴承/轮毂总成置于转向节上。

分 3 遍紧固轴承/轮毂螺栓。

● 第一遍：紧固至 90 N·m。

紧固扭力：_____

● 第二遍：再转 60°。

紧固角度：_____

● 第三遍：再转 15°。

紧固角度：_____

（2）第一遍将轴承/轮毂螺栓紧固至 90 N·m。

这是自固定紧固件接头，不需要螺纹锁止胶。切勿尝试用标准丝锥去清洗螺纹。使用标准丝锥可能会对接头螺纹造成损坏。

紧固扭力：_____

（3）使用角度测量仪，最后一遍将新的轴承/轮毂螺栓再紧固至 60°～75°。

紧固角度：_____

（4）将轮速传感器线束安装至转向节。

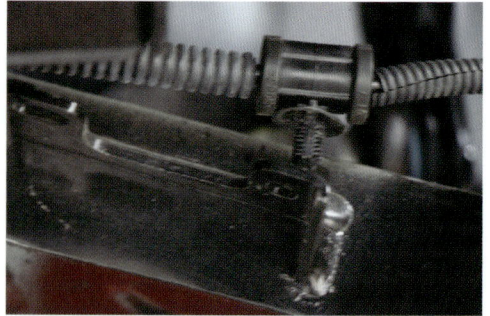

（5）安装轮速传感器。

（6）安装轮速传感器螺栓并紧固至 6 N·m。

紧固扭力：＿＿＿＿＿＿＿＿＿＿＿＿

9. 清洁轮毂/车桥法兰和制动盘的接合面

当制动盘与轮毂/车桥法兰分离时，应清除轮毂/车桥法兰和制动盘接合面上的锈蚀或污物。否则，可能会导致制动盘装配后横向跳动量（LRO）过大，从而引起制动器脉动。

（1）使用砂纸彻底清理轮毂/车桥法兰接合面上的锈蚀或腐蚀物。

（2）使用砂纸彻底清理制动盘接合面和安装面上的锈蚀或腐蚀物。

（3）清洁、检查轮毂/车桥法兰和制动盘的接合面，确保没有异物或碎屑。

是否有这些状况： 是□　否□

（4）用工业酒精或制动器清洗剂，清洁制动盘。

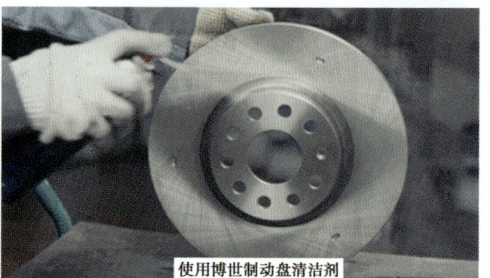

使用博世制动盘清洁剂

如果制动盘符合以下条件，装配后进行横向跳动量测量：

● 制动盘符合规格并可再次使用；

● 制动盘未经过表面修整；

● 制动盘厚度偏差未超过最大允许值。

10. 制动盘装配后横向跳动量的测量

如果制动盘装配后横向跳动量(LRO)超出最大允许规格，则行驶时会导致制动盘厚度偏差逐渐增大，通常行驶里程在 4800 ～ 11300 km。

在检查装配后横向跳动量前，必须检查制动盘厚度偏差。如果制动盘厚度偏差超出最大允许值，则会引起制动器脉动。

如果对制动盘进行了拆装操作，则必须测量制动盘装配后端面跳动量，以确保盘式制动器的最佳性能。

（1）对准拆卸前所作的装配标记，将制动盘安装至轮毂/车桥法兰上，安装制动盘螺钉，并紧固至 9 N·m。

紧固扭力：_____

（2）将制动盘紧靠轮毂/车桥法兰，并将一个锥形垫圈和一个带耳螺母安装至位置最高的车轮双头螺栓，并用手紧固带耳螺母。

制动盘锥形垫圈

（3）将其余的锥形垫圈和带耳螺母安装在车轮双头螺柱上，并按星形顺序手动紧固螺母。

（4）按星形顺序将带耳螺母紧固至 90 N·m，以固定制动盘。

紧固扭力：＿＿＿＿＿＿＿＿＿＿＿＿

（5）将带磁性座的百分表安装至支柱，使百分表顶针与制动盘摩擦面以 90°接触，且距离制动盘外边缘约 13 mm。

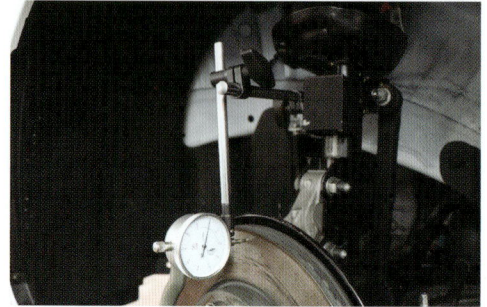

（6）转动制动盘，直到百分表读数达到最小，然后将百分表归零。

（7）转动制动盘，直到百分表读数达到最大。

（8）相对于最接近的车轮双头螺栓，标记最高点的位置。

（9）记录横向跳动量。

横向跳动量：＿＿＿＿＿＿＿＿＿＿ mm。

（10）将制动盘装配后端面跳动量与盘式制动器组件规格相比较。

是否超过：是□　否□

提示	制动盘装配后最大允许横向跳动量	0.1 mm

如果制动盘装配后横向跳动量符合规格，则可以继续安装。

如果制动盘装配后横向跳动量超过此规格，则对制动盘进行表面修整以确保准确的平行度，可以进行车上车削法。

制动盘表面修整后，进行横向跳动量检测，合格后可以继续使用。

（11）如果制动盘装配后端面跳动量的测量值符合规格，拆下轮胎螺母和锥形垫圈。

11. 安装前制动钳托架

（1）将制动钳托架安装至转向节。

（2）安装新制动钳托架螺栓，并紧固至 100 N·m＋60°～75°。

　　紧固扭力：＿＿＿＿＿＿＿＿＿＿

　　紧固角度：＿＿＿＿＿＿＿＿＿＿

12. 安装前制动钳构件

（1）用清洗液喷洗制动钳导销，并用气枪吹净。在制动钳导销上，涂抹一薄层高温硅润滑剂。

（2）将上下两制动钳导销穿过两制动钳导销护套，分别安装至制动钳安装托架上。

> 🔍提示　切勿用锤子将制动钳导销护套敲入托架。确保制动钳导销护套完全就位在托架内。

（3）清洁两制动片固定弹簧，在两制动片固定弹簧的凹面涂抹一薄层高温硅润滑剂，并分别安装到制动钳安装托架上。

> 🔍提示　凹型的三面涂抹的润滑剂只能是薄薄的一层。如果过多，在工作时可能会粘到制动摩擦片的面上，影响制动效果。

制动片固定弹簧的背面不能涂抹润滑剂。

13. 安装前盘式制动片

在制动片背面涂抹一层薄的制动片耐高温灭音膏,将制动片安装到制动钳托架。

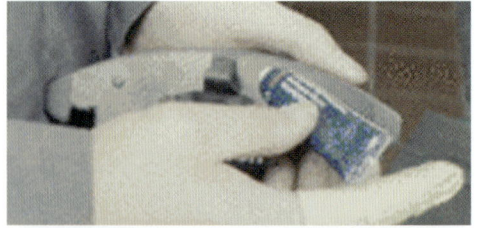

提示　　如果是装有磨损传感器的盘式制动片,则必须安装到制动盘的内侧,且前轮转动时传感器的前边缘面向制动盘,或者安装到车辆位置时固定在制动片的顶部。

14. 安装前制动钳

(1) 将制动钳安装到制动钳托架,安装制动钳导销螺栓。

(2) 将制动钳导销螺栓紧固至 28 N·m。

紧固扭力:＿＿＿＿＿＿＿＿＿。

15. 安装制动软管

（1）将新的铜制制动软管垫安装到制动软管，制动钳螺栓穿过制动软管接头和铜制制动软管垫，安装制动软管到制动钳。

> 切勿重复使用制动软管垫圈。

（2）将制动软管至制动钳螺栓紧固至 40 N·m。

紧固扭力：_____。

16. 后续作业

（1）降下车辆。

（2）拆下制动液储液罐盖下的塑料薄膜。

（3）检查制动液液位，不够加以添加。盖上制动液储液罐盖。

（4）启动发动机，对液压制动系统排气。详见"液压制动系统的排气"相关操作。

> 在执行对液压制动系统排气过程中，踩下制动踏板，直到制动踏板坚实。连续多次这样踩下制动踏板，将使制动钳活塞和制动片正确就位，使制动盘固定到位。

（5）再次检查制动盘螺钉是否已紧固至 9 N·m。

紧固扭力：_____。

（6）拆下车轮带耳螺母和锥形垫圈。

（7）安装轮胎和车轮总成。

> 按顺序均匀地交替紧固螺母，以避免跳动量过大。

17. 清洁整理工作现场

整理、整顿、清扫、清洁。

七、 模块练习

要求：完成练习。

八、 模块评价

过程、结果评价。

模块四

鼓式制动器

一、模块作用

在定期对鼓式制动器进行维护时，或对制动时有噪声、制动力不足、制动活塞漏油、制动发卡、制动拖滞、制动片严重磨损、制动鼓摩擦面烧损等故障进行维修时，或在维修悬架系统时，或在维修传动系统驱动轴时，要拆装鼓式制动器。

二、模块分析

本模块主要学习鼓式制动器系统的组成；鼓式制动的原理；鼓式制动的类型；鼓式制动优、缺点；鼓式制动器的工作过程；鼓式制动器紧固件的紧固规格；后鼓式制动器的组成；鼓式制动的原理。通过实践操作，能合理使用制动液储液罐真空盖；能熟练举升、顶起、降下车辆；能熟练拆装轮胎和车轮总成；能熟练拆装鼓式制动器；能准确检查制动鼓表面和磨损；能准确测量鼓式制动器表面的划痕，并作出判断；能准确测量制动鼓的径向跳动量，记录数值正确；能准确测量制动鼓直径；能准确检查制动鼓各构件的状况；能熟练测量制动蹄摩擦衬片的厚度；能熟练拆装制动分泵，并对其状况作出判断；会调节鼓式制动器蹄、鼓间隙；会调整驻车制动器；能熟练排除液压制动系统管路中的空气；能做好模块完成后的整理、清扫、清洁工作。

鼓式制动器

模块链接符号：　　动画、视频链接　　资料、手册、理论链接　　警示　　操作指示　　模块练习　　模块评价

三、模块目标

知识目标　掌握鼓式制动器系统的组成
掌握鼓式制动的原理
理解鼓式制动的类型
理解鼓式制动优、缺点
掌握鼓式制动器的工作过程
掌握鼓式制动器紧固件的紧固规格
掌握后鼓式制动器的组成
掌握鼓式制动的原理

技能目标　合理使用制动液储液罐真空盖
能熟练举升、顶起、降下车辆
能熟练拆装轮胎和车轮总成
能熟练拆装鼓式制动器
能准确检查制动鼓表面和磨损
能准确测量鼓式制动器表面的划痕,并作出判断
能准确测量制动鼓的径向跳动量,记录数值正确
能准确测量制动鼓直径
能准确检查制动鼓各构件的状况
能熟练测量制动蹄摩擦衬片的厚度
能熟练拆装制动分泵,并对其状况作出判断
会调节鼓式制动器的蹄、鼓间隙
会调整驻车制动器
能熟练排除液压制动系统管路中的空气
做好模块完成后的整理、清扫、清洁工作

四、模块要求

质量要求　维修作业前准备工作准确熟练到位
使用制动液储液罐真空盖后制动液没有流失
测量时动作规范,测量的步骤正确,测量的数值精确
对制动鼓各构件的状况判断准确
遵守零部件更换的要求
遵守螺栓的紧固步骤要求和扭力数值要求
遵守鼓式制动器的拆装顺序
遵守鼓式制动器各润滑部位的润滑要求
安装过程中,遵循合理的调节步骤和数值要求
驻车制动器调整后驻车效果良好

安全要求　遵守维修作业前车辆检查的安全要求
遵守举升和顶起车辆的安全要求
遵守拆装轮胎和车轮总成的安全要求

遵守量具使用的安全规范

遵守制动液使用的安全要求

遵守使用制动器清洗剂的安全要求

遵守个人的防护要求

文明要求　　遵守量具使用的文明要求

遵守 5S 规定

遵守废物归类的要求

时间要求　　225 分钟

设备要求　　(1)本课程常用工具、设备、仪器

(2)雪佛兰科鲁兹车辆

(3)制动液储液罐真空盖、制动钳和制动器软管盖塞、制动鼓千分尺、制动器车床

耗材要求　　毛刷、铜制制动软管垫圈、制动液、耐高温灭音膏、高温硅润滑剂、工业酒精或制动器清洗剂、砂轮盘、金属砂布、塑料薄膜

备件：制动活塞密封件、制动蹄弹簧、鼓式制动器调节器总成构件、车轮螺栓、后制动摩擦蹄、制动钳活塞防尘密封罩、制动排气阀、制动排气阀帽、制动分泵防护罩

五、 模块步骤

第一步　　安装真空盖

第二步　　拆卸

第三步　　检测

第四步　　安装制动器

第五步　　鼓式制动器的调节

第六步　　安装制动鼓、车轮

第七步　　降下车辆

第八步　　对中制动鼓中的制动蹄

第九步　　调整驻车制动器

第十步　　对液压制动系统排气

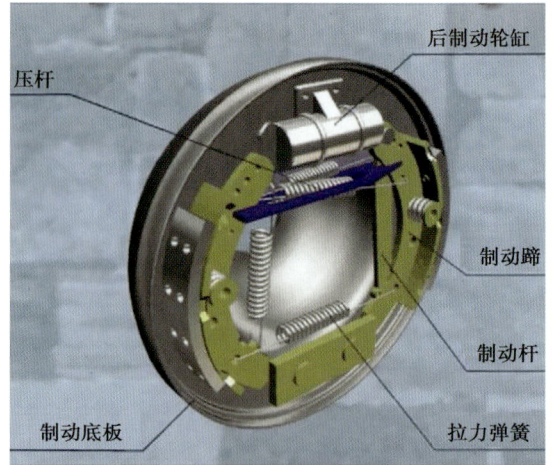

压杆
后制动轮缸
制动蹄
制动杆
制动底板
拉力弹簧

SISTEMA DE FREIO A TAMBOR
VEÍCULOS LEVES
Funcionamento

ÁREA DE CONTATO
ENTRE A SAPATA E
O TAMBOR DE FREIO

ZONA DE CALOR

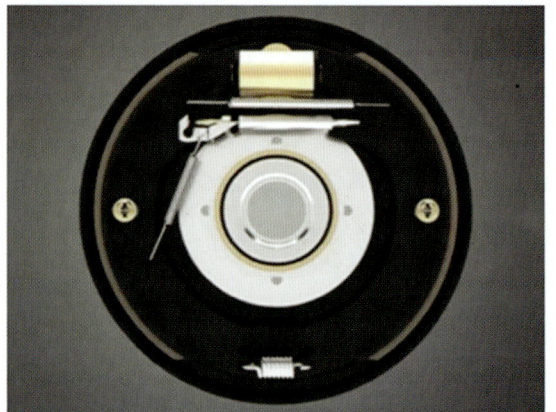

鼓式制动器的拆装

更换制动蹄摩擦片

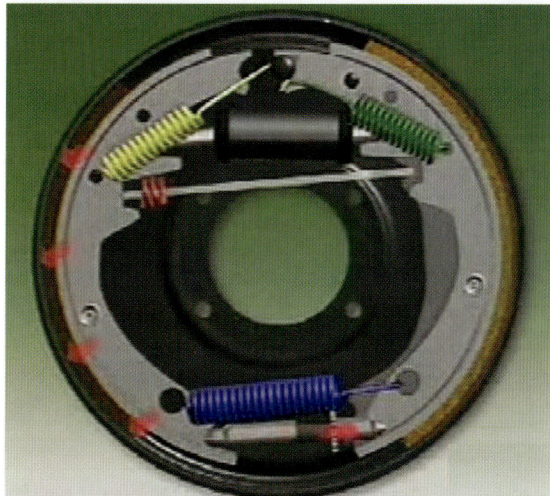

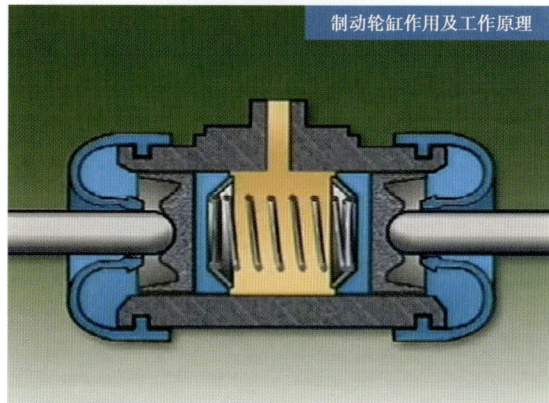

制动轮缸作用及工作原理

六、模块实施

维修前准备：

详见"模块：维修作业前准备工作"相关操作。

1. 拆下制动液储液罐盖并安装真空盖，以防止制动液流失和污染

> **提示** 　制动液储液罐盖内侧有沟槽，外界的大气可以进入制动液储液罐，保证制动液可以流到制动总泵，而制动液储液罐内的气体不能流出。
>
> 制动液储液罐真空盖内侧没有沟槽，使制动液储液罐内外不相通。
>
> 如果没有真空盖，则可以用一块塑料薄膜先盖住制动液储液罐口，再盖上制动液储液罐盖，从而保证制动液储液罐内外空气不相通。

2. 拆卸

（1）检查以确保驻车制动器已完全释放。

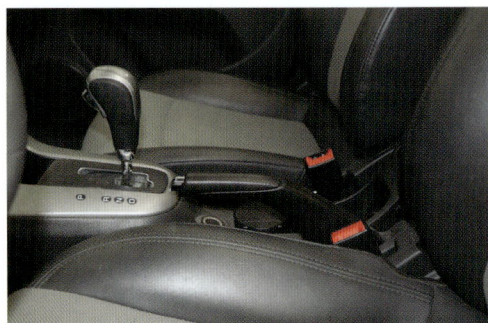

（2）举升和顶起车辆。
（3）拆下后轮胎和车轮总成。

（4）拆下制动鼓螺钉。

（5）拆下制动鼓。

（6）拆下调节弹簧。将调节器弹簧弯钩端与调节器执行器杆上的凸舌分离，然后释放制动蹄辐板孔上的弹簧。

⚠️　切勿拉长调节器弹簧。如果过度拉伸弹簧，则可能发生损坏。

（7）将调节器执行器杆与调节器总成分离。

（8）拆下调节器总成。

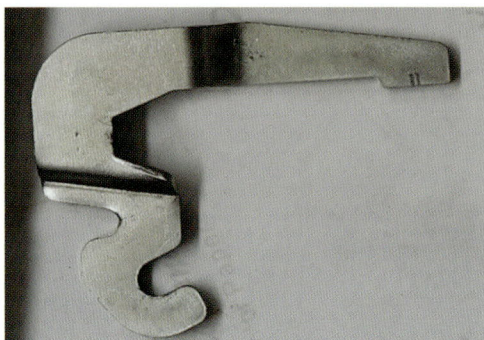

（9）拧开弹簧帽，拆下制动蹄弹簧，取下制动蹄弹簧销。

（10）将下弹簧从前制动蹄上拆下。

（11）将驻车拉索从驻车制动杆上拆下。

（12）拆下制动蹄。

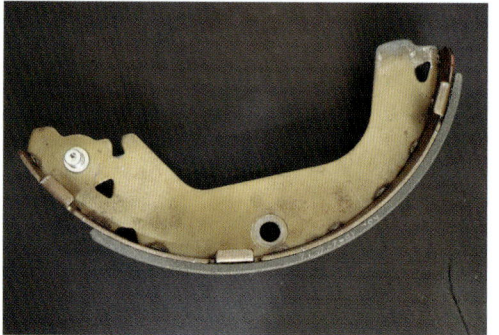

（13）清除车轮制动分泵周围的积垢和污染物。

（14）从车轮制动分泵上断开制动管接头。用帽堵住露出的制动管端以防油液流失。拆下 2 个车轮制动分泵安装螺栓。

!　　向制动液储液罐或离合器储液罐中添加制动液时，仅使用清洁、密封容器中的 DOT-4＋制动液。这种聚乙二醇制动液吸湿且吸潮。请勿使用开口容器中可能受水污染的制动液。不正确或受污染的油液可能会导致系统部件的损坏。

　　制动液会损坏电气接头和上漆的表面。应使用修理抹布、合适的容器以及翼子板罩来防止制动液接触这些表面。务必重新密封并擦净制动液容器，以防溢出。

　　避免制动液溅到车辆漆面、线束、电缆或电气连接器的任何地方。制动液将损坏漆面和电气连接器。一旦制动液溅到车辆上，立即用水冲洗该部位，使损坏的可能性降至最低。

　　（15）拧下轮速传感器螺栓，拆下轮速传感器。

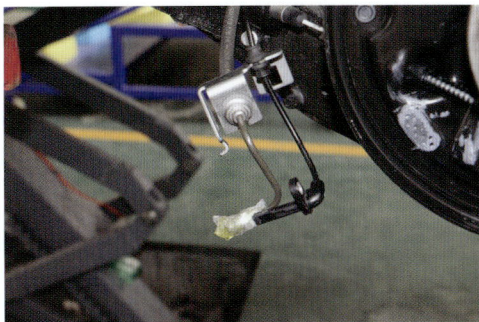

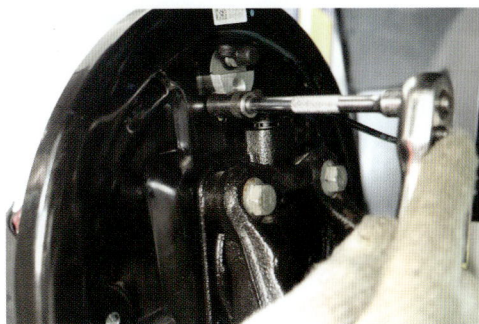

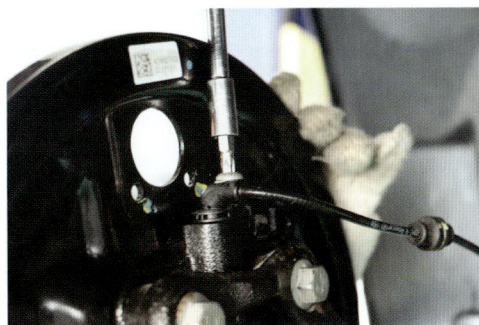

（16）将车轮制动分泵从底板拆下。

保持原来状态，不要拆卸制动分泵的防护罩，不要压制动分泵的活塞。

（17）将后驻车拉索端接头与鼓式制动器底板分离。

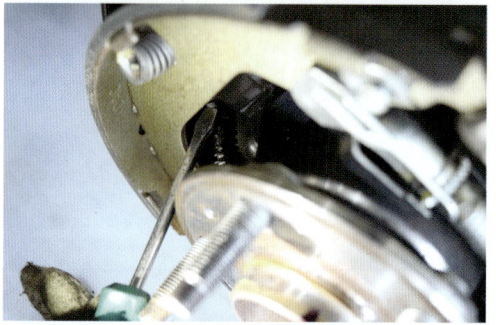

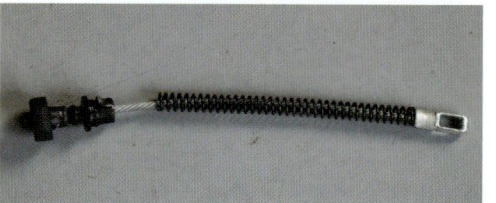

（18）拧开车桥/轮毂/制动器底板螺栓，拆下车轮轴承/轮毂总成。

（19）拆下轮毂和制动器底板。

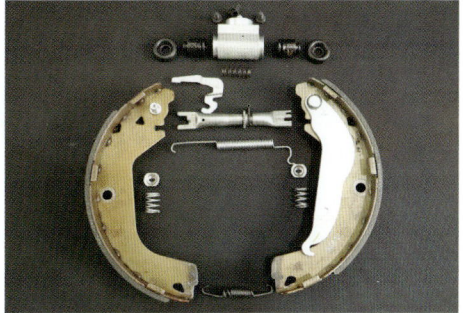

3．检测

1）检测制动鼓

检查制动鼓表面和磨损。

（1）检查制动鼓制动器表面是否存在以下"制动器表面状况"。先使用表面修整工具彻底清除制动鼓法兰上的锈蚀，再进行检查。

● 严重锈蚀和/或点蚀，轻微的表面锈蚀可用砂轮清除；严重表面锈蚀和/或点蚀必须通过修整制动鼓表面清除。

● 开裂和/或灼斑。

● 严重变蓝。

● 缺失配重。

如果制动鼓的表面出现上述一种或几种表面状况，则需要表面修整或更换。

是否存在这些状况：＿＿＿＿＿＿＿

（2）使用精度达到千分之一英寸级的制动鼓千分尺，测量并记录鼓式制动器表面的所有划痕。

务必确保仅在制动蹄摩擦衬片的接触部位进行测量。

（3）将记录的划痕深度与制动鼓部件规格作比较。

实践测量值：＿＿＿＿＿＿ mm，符合要求：符合□；不符合□

如果制动鼓划痕深度超过此规格或划痕过多，则制动鼓需要进行表面修整或更换。

切勿为了排除以下问题而修整制动鼓：

● 制动器噪声（轰鸣声/尖叫声）；

● 制动摩擦衬片过早磨损；

● 鼓式制动器表面或浅层腐蚀；

● 制动鼓变色仅当出现以下任何一个或更多状况,则修整制动鼓:

● 制动鼓表面严重划痕(划痕深度超过1 mm);

● 以下状况造成制动器脉动:制动鼓不圆。

（4）将制动鼓安装在制动器车床上。

（5）将千分表或同等工具的测量头与制动鼓的制动器表面成90°接触,且距离制动鼓外边缘约19 mm。

（6）测量并记录制动鼓的径向跳动量。

制动鼓的径向跳动量:＿＿＿＿＿＿＿＿

（7）转动制动鼓,直到百分表读数达到最小,然后将百分表归零。

（8）转动制动鼓,直到百分表读数达到最大。

（9）将制动鼓的径向跳动量与制动鼓部件规格做比较。

实际测量值:＿＿＿＿＿＿＿＿＿＿ mm。

是否符合要求:符合□,不符合□ 。

提示　如果制动鼓径向跳动量超过规格,则制动鼓需要进行表面修整或更换。

机加工制动鼓后,用120目氧化铝砂纸打磨制动器表面。

用工业酒精或合适的制动器清洁剂清洁制动器表面。

2）测量制动鼓直径

提示　如果制动鼓划痕深度没有超过规格或划痕不多,则制动鼓不需要进行表面修整或更换。

（1）用工业酒精或同等制动器清洗剂,清洁制动鼓的制动蹄摩擦衬片接触面。

如果制动鼓被重新安装到车辆，则用表面修整工具或同等工具，清除制动鼓的轮毂/法兰接合面上的锈蚀。如要安装新的制动鼓，使用工业酒精或同等制动器清洗剂和干净的抹布，清除制动鼓摩擦表面上的保护涂层。

（2）测量并记录制动鼓圆周上均匀分布的 4 个或更多个点的最大直径。

务必确保仅在制动蹄摩擦衬片的接触部位进行测量。每次测量时，卡尺都必须放置在距离制动鼓外边缘的同等距离。

最大直径：_____；_____；_____；_____

（3）将记录的最大直径测量值与制动鼓部件规格相比较。

● 如果制动鼓的最大直径测量值小于表面修整后最大允许内径规格，根据表面状况和磨损情况，可以对制动鼓进行表面修整。

● 如果制动鼓的最大直径测量值等于或大于表面修整后最大允许直径规格，无需对制动鼓进行表面修整。

● 如果制动鼓的最大直径测量值等于或大于报废的直径规格，则更换制动鼓。

实际测量值：_____ mm，符合要求：符合□；不符合□

3）鼓式制动器制动蹄弹簧的检查

（1）目视检查鼓式制动器系统制动蹄弹簧是否存在以下状况：

● 制动蹄弹簧在任何弹簧点出现弯曲、损坏或开裂；

● 制动鼓部件严重腐蚀；

● 制动鼓部件严重拉伸、扭曲或卡滞；

● 车轮制动分泵护套的损坏或者泄漏。

是否存在这些状况：＿＿＿＿＿＿＿＿＿＿

> 如果出现上述任何状况，则更换制动蹄弹簧和/或车轮制动分泵。

4）鼓式制动器调节器总成构件的检查

（1）目视检查调节器执行器弹簧是否存在以下状况：

- 弹簧在任何弹簧点出现弯曲或者开裂；
- 严重腐蚀；
- 缺失。

是否存在这些状况：＿＿＿＿＿＿＿＿＿＿

（2）目视检查调节器总成是否存在以下状况：

- 调节器出现弯曲或开裂；
- 过度磨损、损坏或缺齿；
- 螺纹调节器总成卡滞或卡死；
- 调节器螺钉齿损坏或缺失。

是否存在这些状况：＿＿＿＿＿＿＿＿＿＿

> 如果存在上述任何状况，则更换调节器总成。

（3）目视检查调节器执行器杆是否存在以下状况：

- 执行器杆出现弯曲或开裂；
- 执行器杆至调节器表面出现过度磨损；
- 缺失。

是否存在这些状况：＿＿＿＿＿＿＿＿＿＿

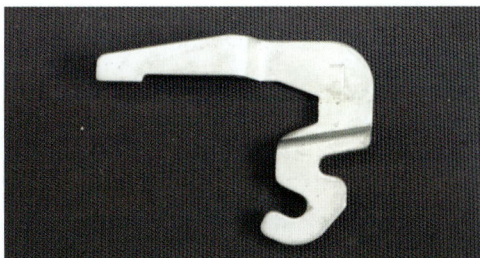

> 如果发现上述任何状况，则更换受影响的部件。

5）制动蹄的检查

（1）使用游标卡尺测量制动蹄摩擦衬片的厚度。

实际测量值：_____

（2）将记录的制动蹄摩擦衬片厚度与制动鼓部件规格做比较。

提示 仅更换车桥组件内的制动蹄和摩擦衬片总成。

如果制动蹄摩擦衬片厚度小于规定值或发现瑕疵，则更换摩擦衬片。

实际测量值：_____ mm，符合要求：符合□；不符合□

6）制动分泵的检查

提示 汽车制动分泵损坏会出现制动不好，或者轮胎"抱死"，导致制动盘或鼓发热，严重的会导致轮胎爆炸，造成行驶不安全。

制动分泵性能好坏还与制动油液有关，长时间不更换制动油液会导致制动分泵锈死，所以要定期更换刹车油。

制动分泵只能更换总成，无法维修。

（1）轻轻翻开制动分泵的防护罩，观察是否有从制动分泵内部泄露出来的制动油液。

提示 如果有泄露出来的制动油液，则更换制动分泵。

是否存在泄漏：_____

（2）取下两边防护罩，按压制动分泵的活塞，活塞应活动平顺，无阻塞感。

提示 如果活塞活动不平顺，有阻塞感，则说明活塞、密封圈、制动分泵缸卡滞。

是否平顺：_____

（3）拔出制动分泵的活塞，检查活塞密封圈是否有损伤，检查制动分泵缸是否有拉伤、不正常的环槽和磨损。

是否存在这些状况：＿＿＿＿＿＿＿＿

4. 安装

（1）清洁轮毂法兰。

（2）安装制动器底板和车轮轴承/轮毂总成，拧紧车桥/轮毂/制动器底板的 4 个螺栓，并紧固至 50 N·m＋30°～45°。

紧固扭力：＿＿＿＿＿＿＿＿＿＿

紧固角度：＿＿＿＿＿＿＿＿＿＿

（3）将后驻车拉索端接头固定至制动器底板。

（4）安装车轮制动分泵。

> **提示** 安装之前，用工业酒精或同等制动器清洗剂和干净的抹布，清洁制动分泵。

① 将车轮制动分泵缸体安装至底板，并紧固至 10 N·m。

紧固扭力：＿＿＿＿＿＿＿＿＿＿

② 按弹簧—两制动分泵活塞—制动分泵防护罩顺序安装制动分泵总成。

③ 在制动底板、制动蹄固定端、制动分泵活塞顶端涂抹少量高温润滑脂。

提示 只能是薄薄的一层润滑脂，过多可能在车辆行驶制动过程中因高温变稀，由于转动会沾染在制动鼓和制动蹄摩擦片之间，致使打滑使制动性能下降。

（5）安装制动蹄。

① 放置制动蹄。将制动蹄弹簧销穿过制动底板，穿过制动蹄。

② 安装制动蹄弹簧,拧动弹簧帽固定制动蹄。

（6）将驻车拉索安装到驻车制动杆上。

（7）将下弹簧安装到前制动蹄。

（8）将调节器尽可能旋转至最短,将调节器总成安装到调节器执行器杆。

（9）安装调节弹簧,确保弹簧上的搭扣与执行器杆上的凸舌充分接合。

（10）连接车轮制动分泵上的制动管接头,并紧固至 18 N·m。

　　紧固扭力：_____

（11）安装轮速传感器,拧紧轮速传感器螺栓。

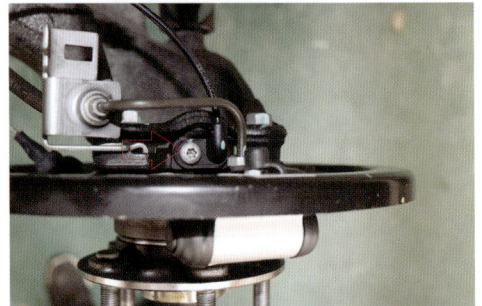

5. 鼓式制动器的调节

（1）确保驻车制动器拉杆完全就位于释放位置。

（2）用卡尺测量制动鼓内径的最宽处。

（3）手动紧固卡尺上的固定螺钉。

（4）从制动鼓上拆下卡尺，并将其安置到相应的制动蹄上的最宽处。

（5）当将卡尺保持在适当位置时，在卡尺的一侧与相应的制动蹄摩擦衬片之间插入适当厚度的厚薄规。

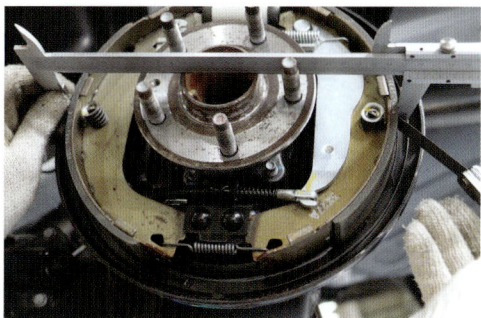

（6）转动制动蹄调节器螺钉直至制动蹄衬片接触到卡尺。

提示 制动蹄摩擦衬片至制动鼓间隙：0.4～0.9 mm。

（7）在另一侧制动鼓和制动蹄总成上重复上述步骤。

6. 安装制动鼓、车轮

提示 如要安装新的制动鼓，使用工业酒精或同等制动器清洗剂和干净的抹布，清除制动鼓摩擦表面上的保护涂层。

（1）安装鼓式制动器螺钉，并紧固至 7 N•m。

紧固扭力：＿＿＿＿＿＿＿＿＿

（2）安装轮胎和车轮总成。

提示　按图示顺序均匀地交替紧固螺母，以避免跳动量过大。

7. 降下车辆

8. 启动发动机

踩下制动器踏板约 10 次，对中制动鼓中的制动蹄，伴随着调节器总成中产生调节的咔塔声。

9. 调整驻车制动器

详见"驻车制动器的调整"相关操作。

10. 对液压制动系统排气

详见"液压制动系统的排气"相关操作。

11. 清洁整理工作现场

整理、整顿、清扫、清洁。

七、模块练习

要求：完成练习。

八、模块评价

过程、结果评价。

驻车制动杆、开关、拉线的拆装

一、模块作用

车辆停放在坡道上时,因驻车制动不良而自动溜滑,即驻车制动器失灵;或变速器挂上低速挡,松抬离合器踏板,放松驻车制动器操纵杆,汽车起步困难;或虽能起步,但一旦减小节气门,汽车就急剧降速;或行驶一定里程后驻车制动鼓发热,即驻车制动拖滞;或驻车制动器操纵杆不能固定。凡是发生这些故障,需要拆装或检查驻车制动装置。

二、模块分析

本模块主要学习驻车制动的分类;电子驻车制动系统;电子驻车制动系统的优势;驻车制动系统拉线的构造;盘式制动系统驻车制动的工作过程;鼓式制动系统驻车制动的工作过程;自行调节驻车制动系统;紧固件的紧固规格;驻车制动的调整。通过实践操作,会更换驻车制动器拉杆护套;能熟练拆装前地板控制台;能熟练举升、顶起、降下车辆;能熟练拆装驻车制动指示灯开关;能熟练拆装驻车制动器拉杆和拉线;会调整驻车制动器。

驻车制动杆、开关、拉线的拆装

模块链接符号:					
	动画、视频链接	资料、手册、理论链接	警示	操作指示	模块练习	模块评价

三、 模块目标

知识目标　理解驻车制动的分类
　　　　　了解电子驻车制动系统
　　　　　理解电子驻车制动系统的优势
　　　　　掌握驻车制动系统拉线的构造
　　　　　掌握盘式制动系统驻车制动的工作过程
　　　　　掌握鼓式制动系统驻车制动的工作过程
　　　　　理解自行调节驻车制动系统
　　　　　掌握紧固件的紧固规格
　　　　　掌握驻车制动的调整

技能目标　会更换驻车制动器拉杆护套
　　　　　能熟练拆装前地板控制台
　　　　　能熟练举升顶起、降下车辆
　　　　　能熟练拆装驻车制动指示灯开关
　　　　　能熟练拆装驻车制动器拉杆和拉线
　　　　　会调整驻车制动器

四、 模块要求

质量要求　维修作业前,准备工作充分,动作准确熟练到位
　　　　　安装好的驻车制动器拉杆护套符合使用和性能要求
　　　　　安装好的前地板控制台与周边内饰部分安装到位、配合良好
　　　　　驻车制动指示灯开关的安装位置正确,工作正常
　　　　　驻车制动器拉杆和拉线安装位置正确,工作正常
　　　　　调整后的驻车制动器符合使用和性能要求
　　　　　安装后座椅椅垫与周边内饰部分安装到位、配合良好
　　　　　安装恢复后装饰板与周边内饰部分缝隙正常、配合良好

安全要求　遵守维修作业前车辆检查的安全要求
　　　　　遵守举升和顶起车辆的安全要求
　　　　　遵守检验驻车制动器性能的要求
　　　　　遵守操作时个人防护的要求

文明要求　遵守拆装车内饰的操作要求
　　　　　遵守 5S 规定
　　　　　遵守废物归类的要求

时间要求　180 分钟

设备要求　(1) 本课程常用工具、设备、仪器
　　　　　(2) 雪佛兰科鲁兹车辆

耗材要求　　毛刷、铜制制动软管垫圈、耐高温灭音膏、高温硅润滑剂、工业酒精或制动器清洗剂、制动液

备件：制动活塞密封件、制动蹄弹簧、鼓式制动器调节器总成构件、车轮螺栓、后制动摩擦蹄、制动钳活塞防尘密封罩、制动排气阀、制动排气阀帽、制动分泵防护罩

五、模块步骤

第一步　　驻车制动器拉杆护套的更换

第二步　　驻车制动指示灯开关的拆卸

第三步　　驻车制动器拉杆的拆卸

第四步　　驻车制动器拉线的拆卸（鼓式制动器）

第五步　　驻车制动器拉线、驻车制动杆、驻车制动指示灯开关的安装

第六步　　驻车制动器的调整

第七步　　恢复安装

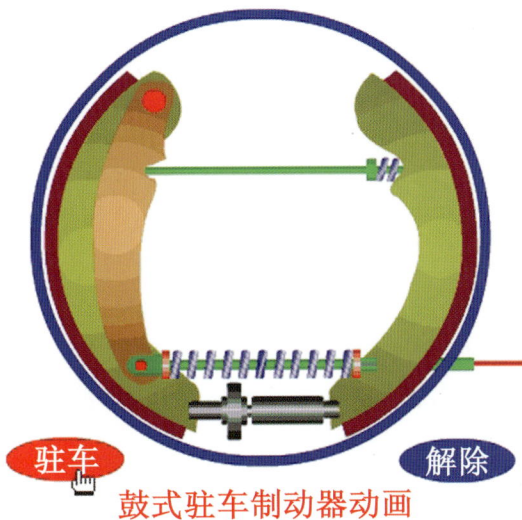

驻车　　　　解除

鼓式驻车制动器动画

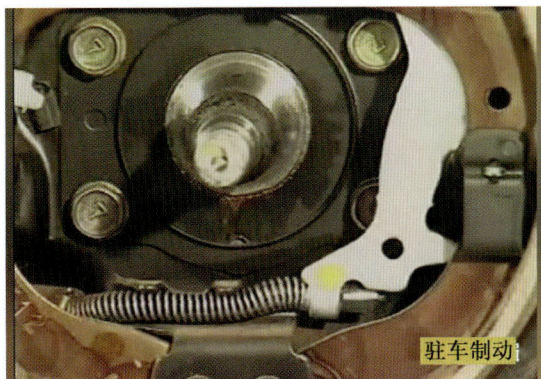

驻车制动

六、模块实施

1. 驻车制动器拉杆护套的更换

制动器拉杆护套一般在损坏后才进行更换,主机厂在安装时涂抹一层黏合剂,制动器拉杆和护套结合紧密,拆下时会破坏护套。

拉下护套。在驻车制动器拉杆的表面涂抹一层黏合剂,安装驻车制动器拉杆护套。

2. 驻车制动指示灯开关的拆卸
1)拆下前地板控制台
(1)拆下左侧仪表板下装饰板,拆下右侧仪表板下装饰板。

(2)使用平头塑料装饰工具轻轻地撬动变速器控制杆装饰盖,以松开卡子。

（3）断开变速器控制杆装饰盖的电气连接。

（4）拧下 2 个前地板控制台储物托盘螺钉。

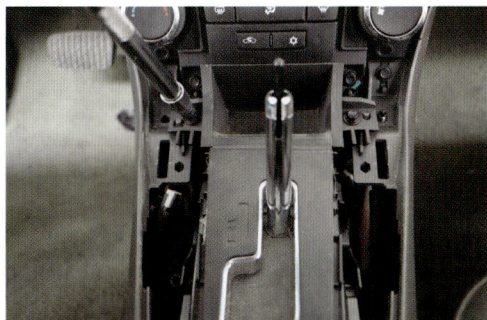

（5）拧下左右 2 个前地板控制台与变速器排挡的固定螺钉。

（6）拧下左右 2 个前地板控制台后部螺钉。

（7）翻开前地板控制台扶手盖，拧下前地板控制台储物箱内的螺钉。

（8）拆下前地板控制台。

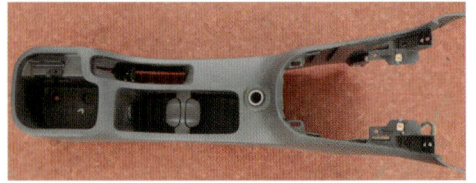

2）拆卸驻车制动指示灯开关

（1）断开驻车制动指示灯开关的线束连接器。

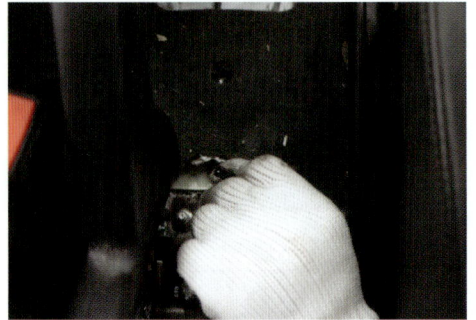

（2）拧开驻车制动指示灯开关螺栓，取下驻车制动指示灯开关。

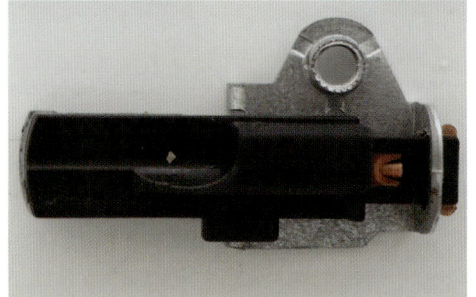

3．驻车制动器拉杆的拆卸

（1）将驻车拉索从驻车制动杆上取下。

（2）拆下驻车制动器拉杆螺母。

（3）拆下驻车制动器拉杆。

4. 驻车制动器拉线的拆卸（鼓式制动器）

（1）拆下后排座椅坐垫。

① 向上拉坐垫的前部，以脱开固定件并将其从车辆中取出。

提示：向上拉坐垫的前部，以脱开固定件并将其从车辆中取出。需要较大的向上的力量。

② 拆下2个固定件，钣金件将轻微地向外变形。

提示：重新安装座椅时，座椅后部的吊钩必须越过地板后方的蘑菇卡夹并在其后方。

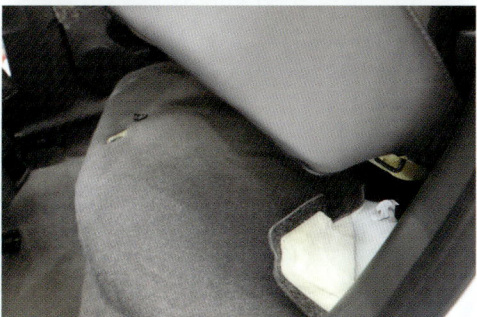

（2）拆下中柱下装饰条

① 拆卸前侧门门槛装饰板。

用装饰板撬板从装饰板的外侧、后部开始作业，直到车辆的前部。

装饰板拆卸工具应该撬在装饰板卡子附近。

② 拆卸后侧门门槛装饰板。

用装饰板撬板从装饰板的外侧、后部开始作业，直到车辆的前部。

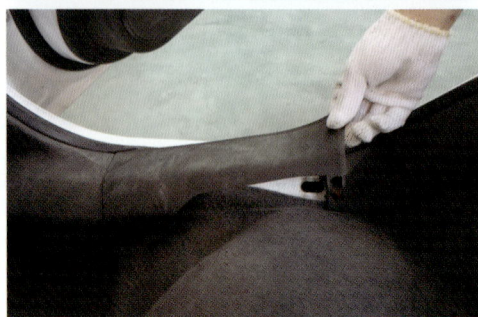

③ 用装饰板撬板拆下中柱下装饰条。

（3）翻开后地板部分地毯。

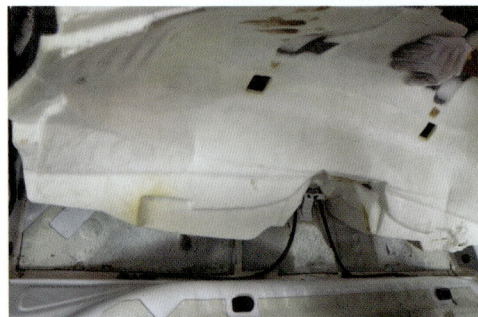

（4）将驻车制动器拉线从驻车制动器拉线托架上拆下。

（5）拆下驻车制动器拉线卡夹。

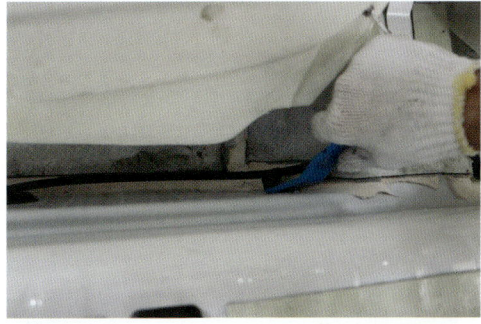

（6）拆下驻车制动器拉线护环。

（7）举升顶起车辆。

（8）拆下驻车制动器拉线盒固定螺栓。

（9）松开驻车制动器拉线螺栓。

（10）将驻车制动器拉线从固定件上拆下。

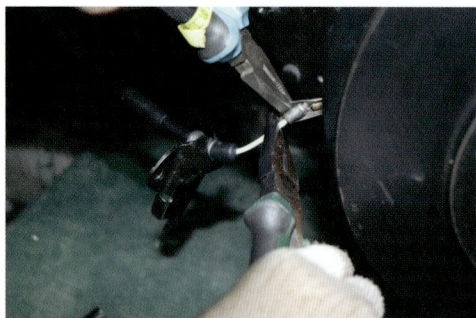

（11）拆下驻车制动器拉线。

5. 驻车制动器拉线、驻车制动杆、驻车制动指示灯开关的安装

（1）将驻车拉索安装到驻车制动后拉锁上，并夹在固定件上。

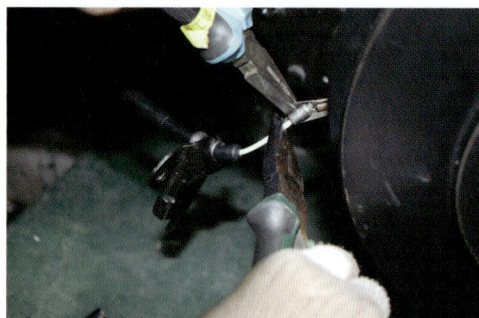

（2）紧固驻车制动器拉线固定螺栓。

（3）安装驻车制动器拉线盒固定螺栓，并紧固至 22 N·m。

紧固扭力：_____

（4）降下车辆。

（5）安装驻车制动器拉线护环。

（6）安装驻车制动器拉线卡夹。

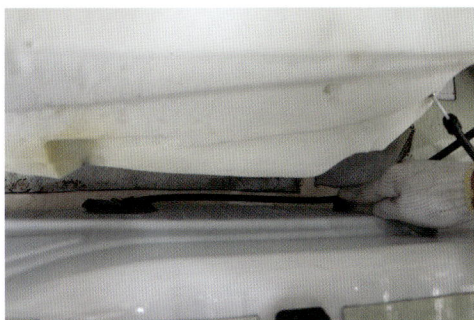

（7）将驻车制动器拉线安装到驻车制动器拉线托架上。

（8）拧紧驻车制动器拉杆螺母至9 N·m,安装驻车制动器拉杆。

　紧固扭力：＿＿＿＿＿＿＿＿＿＿＿

（9）将驻车拉索安装到驻车制动杆上。

（10）安装驻车制动指示灯开关，将驻车制动指示灯开关螺栓紧固至 2.5 N·m。

紧固扭力：＿＿＿＿＿＿＿＿＿＿＿＿

（11）连接驻车制动指示灯开关连接器。

6. 驻车制动器的调整

提示　　车辆使用一个自动张紧或自动调节的驻车制动器拉线系统。驻车制动器系统在正常工作条件下不需要调整。

（1）拉起并完全释放驻车制动器几次。确认驻车制动器拉杆已完全释放。

（2）将点火开关置于 ON（打开）位置，确认红色制动系统警告灯未点亮。

（3）如果红色制动系统警告灯点亮，则确认以下操作：

提示
● 驻车制动器拉杆处于完全释放的位置且顶住止动位置。
● 驻车制动器拉线不松弛。

（4）如果红色制动系统警告灯点亮且未发现明显的故障，则正常。

（5）将点火开关置于 OFF（关闭）位置。

（6）两人合作，一人坐在驾驶座。举升顶起车辆。

（7）完全释放驻车制动器拉杆。

（8）充分踩下制动踏板 3～5 次，然后释放制动。

（9）拉起驻车制动器拉杆，拉杆不到一个完整行程便可以使拉杆坚实。

（10）驻车制动器拉杆处于完全释放的位置，另外一人转动后轮胎和车轮总成，应自由转动。

> 提示　驻车制动不存在任何的制动器拖滞。

（11）拉起驻车制动器拉杆，另外一人转动后轮胎和车轮总成，向前或向后不能旋转。

（12）释放驻车制动。降下车辆。

7. 恢复

（1）安装后地板地毯。

（2）安装中柱下装饰条。

（3）安装后排座椅垫。

① 座椅后部的吊钩越过地板后方的蘑菇卡夹并在其后方。

② 向下按压后排座椅垫使塑料固定件安装到座椅前部时，咔嗒一声就位。

（4）安装前侧门门槛装饰板。

> 提示　从前部开始作业，直到车辆的前部。

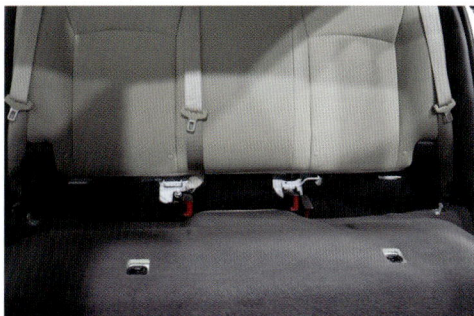

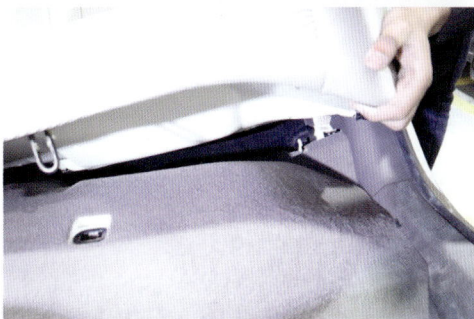

（5）安装后侧门门槛装饰板。

> 提示　从前部开始作业，直到车辆的前部。

（6）安装前地板控制台。

① 放置前地板控制台。

② 拧紧左右2个前地板控制台后部螺钉。

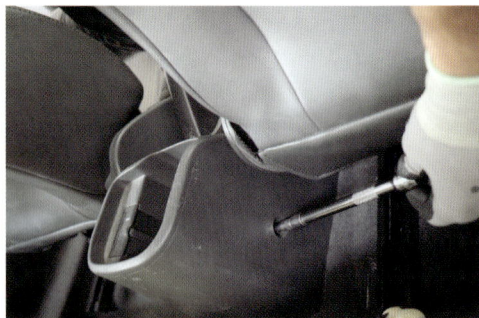

③ 拧紧左右2个前地板控制台与变速器排挡固定螺钉。

④ 拧紧前地板控制台储物箱内的两个螺钉。

⑤ 放置前地板控制台储物托盘，拧紧2个螺钉。

⑥ 连接变速器控制杆装饰盖上的电气连接器。

⑦ 安装变速器控制杆装饰盖。

⑧ 安装左右两侧仪表板下装饰板。

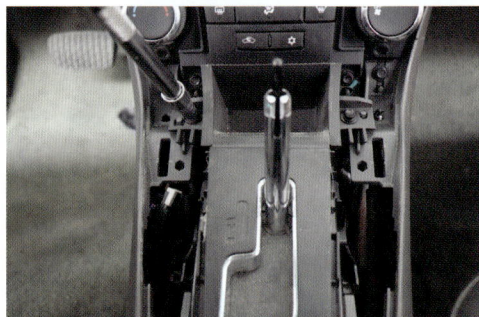

8. 清洁整理工作现场

整理、整顿、清扫、清洁。

七、模块练习

要求：完成练习。

八、模块评价

过程、结果评价。

制动管的更换

一、模块作用

制动管凹瘪、制动软管老化以及接头松动渗漏、破裂或堵塞都会引起个别车轮制动拖滞或制动不良，导致车辆制动不良、失效。发现这些问题后应尽快更换制动管，否则会引起安全事故的发生。

二、模块分析

本模块主要学习制动辅助系统的组成、作用和工作过程；制动助力器真空辅助系统的组成部件及作用；制动液的使用注意事项和对人员接触制动液后的处理；制动警告系统的工作原理；液压制动系统的组成部件及其作用和工作过程；液压制动传动装置的布置形式；制动软管的材质。通过实践操作，会更换制动系统各段的制动管。

制动管的更换

模块链接符号：					
动画、视频链接	资料、手册、理论链接	警示	操作指示	模块练习	模块评价

三、模块目标

知识目标　　掌握制动辅助系统的组成、作用和工作过程

掌握制动助力器真空辅助系统的组成部件及作用

理解制动液的使用注意事项和对人员接触制动液后的处理

掌握制动警告系统的工作原理

掌握液压制动系统的组成部件及其作用和工作过程

掌握液压制动传动装置的布置形式

认识制动软管的材质

技能目标　　更换制动系统各段的制动管

四、模块要求

质量要求　　维修作业前，准备工作充分，动作准确熟练到位

熟练、规范、细致地更换制动系统各段的制动管，更换后的制动管没有漏液、扭结等现象，对液压制动系统排气后，制动系统制动性能良好

安全要求　　遵守维修作业前车辆检查的安全要求

遵守制动液对人的眼睛和皮肤产生刺激的使用注意事项

遵守一旦制动液溅到车辆上，立即用水冲洗该部位，使损坏的可能性降至最低的操作规定

避免制动液溅到车辆漆面、线束、电缆或电气连接器的任何地方

遵守使用清洁、密封容器盛装制动液的规定

遵守更换配件时，比较新旧配件是否一致的规定

遵守安装软管后，软管不接触悬架任何部分的规定

遵守顶起、举升、降下车辆的安全注意事项

遵守拆装轮胎和车轮总成的安全要求

遵守螺栓紧固的规范扭力要求

遵守对液压制动系统进行规范排气的规定

遵守操作时的个人防护要求

文明要求　　遵守工具、仪器合理使用的要求

遵守盖上或塞住制动管分离点的开口，防止制动液流失和污染的规定

遵守 5S 规定

遵守废物归类的要求

时间要求　　180 分钟

设备要求　　（1）本课程常用工具、设备、仪器

（2）雪佛兰科鲁兹车辆

（3）制动管备用扳手、制动软管端上的盖子或塞子

耗材要求　　毛刷、铜制制动软管垫圈、耐高温灭音膏、高温硅润滑剂、工业酒精或制动器清洗剂、制动液。

五、模块步骤

第一步　　制动管的更换
第二步　　右前制动管的更换
第三步　　左前制动管的更换
第四步　　前制动软管的更换
第五步　　后制动管的更换
第六步　　鼓式制动器后制动软管的更换
第七步　　对液压制动系统排气
第八步　　安装轮胎和车轮总成
第九步　　降下车辆

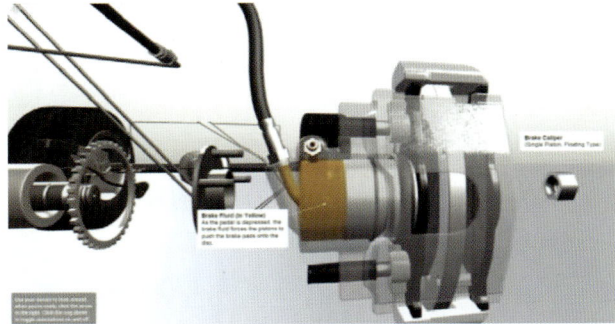

液体将压力通过管路传递到每个车轮刹车卡钳的活塞上

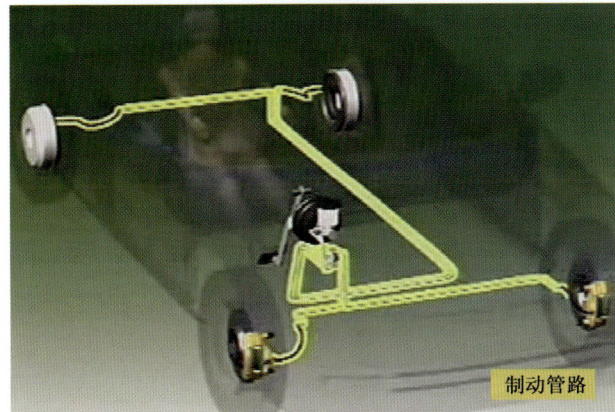

制动管路

六、 模块实施

1. 制动管的更换

1）拆卸

（1）举升和顶起车辆。

（2）拧松前副车架后螺栓，转动后车架加强件，使制动管便于拆卸。

（3）降下车辆，将制动管接头从制动压力调节阀上拆下。

（4）举升和顶起车辆，将制动管接头从制动管分离点上拆下。

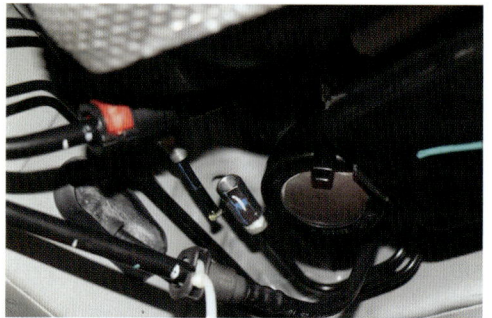

（5）盖上或塞住制动管分离点的开口，以防止制动液流失和污染。

（6）将制动管接头从制动管分离点上拆下。

（7）盖上或塞住制动管分离点的开口，以防止制动液流失和污染。

（8）拆下车身底部的8个制动管卡夹。

（9）拆下制动管。

2）安装

（1）安装新的制动管。

（2）安装车身底部的8个制动管卡夹。

（3）拆下制动管分离点开口上的盖子或塞子。

（4）将新的制动管接头安装到制动管分离点，并紧固至18 N·m。

紧固扭力：_____

（5）拆下制动管分离点开口上的盖子或塞子。

（6）将新的制动管接头安装到制动管分离点，并紧固至18 N·m。

紧固扭力：_____

（7）拆下制动压力调节阀开口上的盖子或塞子。

（8）降下车辆，将制动管接头安装到制动压力调节阀，并紧固至 18 N·m。

紧固扭力：＿＿＿＿＿＿＿＿＿＿＿

（9）举升和顶起车辆。转正后车架加强件，拧紧前副车架后螺栓，并紧固至 160 N·m。

紧固扭力：＿＿＿＿＿＿＿＿＿＿＿

2．右前制动管的更换

1）拆卸

（1）举升和顶起车辆。

（2）拆下轮胎和车轮总成。

（3）清洁制动软管端和制动管接头上的所有污物和异物。

（4）在制动管接头上使用开口扳手，在制动软管固定件下的制动软管上使用备用扳手。

（5）将制动管接头从制动软管上断开，盖上或塞住制动管接头端和制动软管端以防制动液流失和污染。

（6）拆下制动软管固定件。

（7）降下车辆，将制动管接头从制动压力调节阀上拆下。

（8）盖上或塞住制动压力调节阀的开口，以防止制动液流失和污染。

（9）将制动管从卡夹上拆下。

（10）举升和顶起车辆，拆下制动管。

2）安装

（1）降下车辆，安装新的制动软管。

（2）将制动管安装到卡夹上。

（3）拆下制动压力调节阀开口上的盖子或塞子。

（4）将制动管接头安装到制动压力调节阀，并紧固至 18 N·m。

紧固扭力：＿＿＿＿＿＿＿＿＿＿＿＿＿

（5）取下制动管接头端和制动软管端上的盖子或塞子。

（6）将制动软管安装到制动软管体支架。

（7）将制动软管固定件安装在制动软管的防转凸舌上。

（8）将制动管接头连接至制动软管。

（9）使用制动软管上的备用扳手。

（10）紧固制动管接头至 18 N·m。

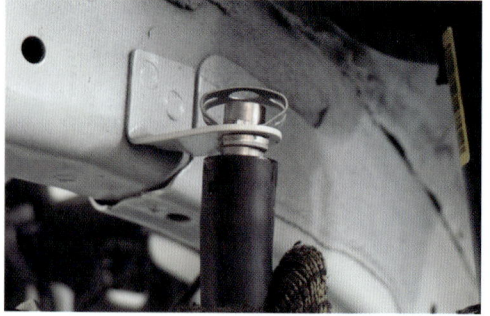

提示　确保软管不接触悬架的任何部分。检查软管在极端左转和极端右转时的状况。如果软管接触，则拆下软管并排除故障。

紧固扭力：＿＿＿＿＿＿＿＿＿＿＿＿＿

3. 左前制动管的更换

1）拆卸

（1）举升和顶起车辆。

（2）拆下轮胎和车轮总成。

（3）清洁制动软管端和制动管接头上的所有污物和异物。

（4）在制动管接头上使用扩口螺母扳手，在制动软管固定件下的制动软管上使用备用扳手。

（5）将制动管接头从制动软管上断开。盖上或塞住制动管接头端和制动软管端以防制动液流失和污染。

（6）拆下制动软管固定件。

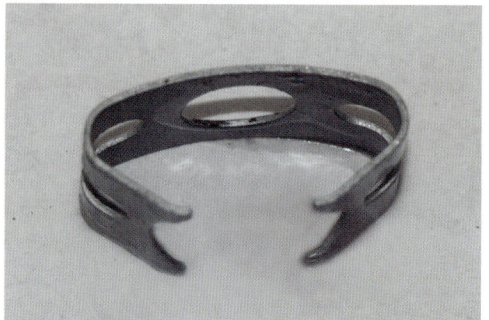

（7）将制动管接头从制动压力调节阀上拆下。

（8）盖上或塞住制动压力调节阀的开口，以防止制动液流失和污染。

（9）从卡夹里拆出制动管。

（10）拆下制动管

2）安装

（1）安装新的制动软管。

（2）将制动管安装到卡夹里。

（3）拆下制动压力调节阀开口上的盖子或塞子。

（4）将制动管接头安装到制动压力调节阀，并紧固至 18 N·m。

紧固扭力：＿＿＿＿＿＿＿＿＿＿＿＿＿＿

（5）取下制动管接头端和制动软管端上的盖子或塞子。

（6）将制动软管固定件安装在制动软管的防转凸舌上。

（7）将制动管接头连接至制动软管。

（8）使用制动软管上的备用扳手。

（9）紧固制动管接头至 18 N·m。

紧固扭力：＿＿＿＿＿＿＿＿＿＿＿＿＿＿

4．前制动软管的更换

1）拆卸

（1）清洁制动软管端和制动管接头上的所有污物和异物。

（2）在制动管接头上使用扩口螺母扳手，在制动软管固定件下的制动软管上使用备用扳手。

（3）将制动管接头从制动软管上断开。盖上或塞住制动管接头端和制动软管端以防制动液流失和污染。

（4）拆下制动软管固定件。

（5）将制动软管从支柱上拆下。

（6）将制动软管从制动钳上拆下。

（7）拆下并报废 2 个铜制制动软管衬垫。这些衬垫可能会粘在制动钳和/或制动软管端上，应撬下，更换。

（8）盖上或塞住制动钳和制动器软管开口，以防止制动液流失和污染。

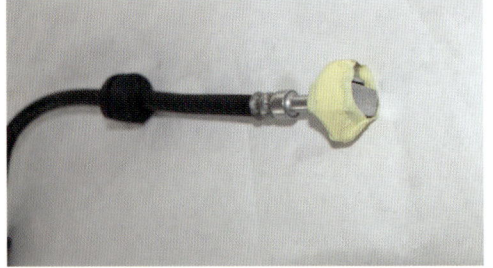

2）安装

（1）取下制动钳和制动软管开口上的盖子或塞子。

> **提示** 安装新的铜制制动软管衬垫。

（2）将新的铜制制动软管衬垫和制动软管螺栓装配至制动软管。

（3）将制动软管至制动钳螺栓安装到制动钳并将螺栓紧固至 40 N·m。

> **提示** 如果更换制动软管，则将旧的制动软管与新的相比较。有新版的制动软管，带有标签，以区分左侧和右侧。新版有一个带扁平侧面的制动护环，必须面对制动软管托架的敞开侧。

紧固扭力：_____

（4）将制动软管安装到支柱。

> **提示** 将前制动软管护环上的蓝色标记对准右前制动软管托架凹口的中心。

将前制动软管护环上的白色标记对准左前制动软管托架凹口的中心。

（5）取下制动管接头端和制动软管端上的盖子或塞子。

（6）将制动软管安装到制动软管体支架。

（7）将制动软管固定件安装在制动软管的防转凸舌上。

（8）将制动管接头连接至制动软管。

（9）使用制动软管上的备用扳手。

（10）紧固制动管接头至 18 N·m。

紧固扭力：_____

5. 后制动管的更换

1）拆卸

（1）将制动管接头从制动管分离点上拆下。

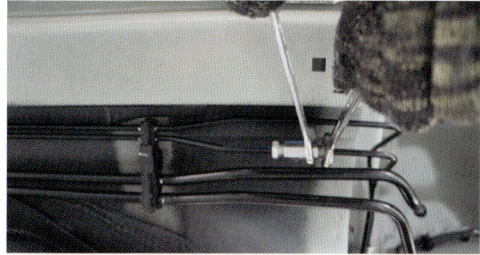

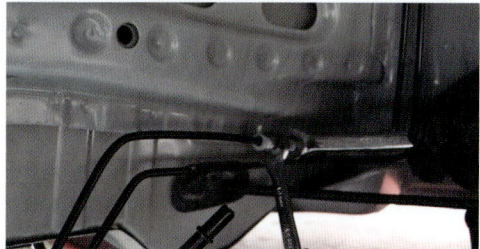

（2）盖上或塞住制动管分离点的开口，以防止制动液流失和污染。

（3）将制动管接头从制动软管上拆下。

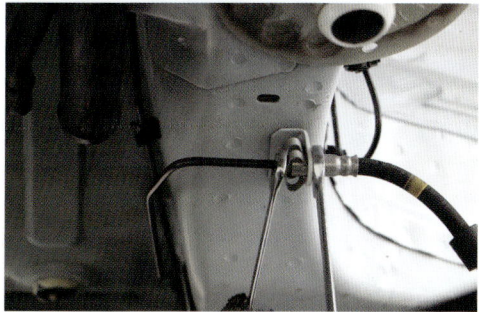

（4）盖上或塞住制动软管的开口，以防止制动液流失和污染。

（5）拆下制动管。

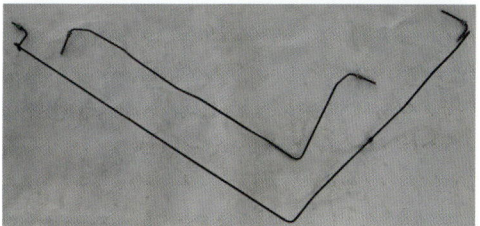

2）安装

（1）安装新的制动软管。

（2）拆下制动软管开口上的盖子或塞子。

（3）使用制动软管上的备用扳手。

（4）拆下制动管分离点开口上的盖子或塞子。

（5）将新的制动管接头安装到制动管分离点，并紧固至18 N·m。

紧固扭力：＿＿＿＿＿＿＿＿＿＿＿

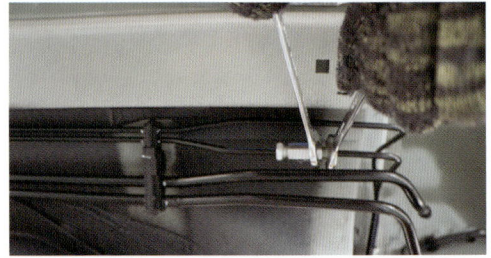

6. 鼓式制动器后制动软管的更换

1）拆卸程序

（1）拆下后轮速传感器。

（2）清洁制动软管端和制动管接头上的所有污物和异物。

（3）在制动管接头上使用扩口螺母扳手，在制动软管固定件下的制动软管上使用备用扳手。

（4）将制动管接头从制动软管上断开。盖上或塞住制动管接头端和制动软管端以防制动液流失和污染。

（5）拆下制动软管固定件。

（6）拆下将制动软管连接至后制动鼓底板的制动软管螺栓。

（7）拆下后制动软管至车轮制动分泵接头。

（8）将制动软管从后车轮制动分泵上拆下。

（9）盖上或塞住制动器车轮制动分泵和制动软管开口，以防止制动液流失和污染。

2）安装

（1）取下制动器车轮制动分泵和制动软管开口上的盖子或塞子。

（2）将制动软管安装到车轮制动分泵，并将制动软管到车轮制动分泵接头紧固至18 N·m。

紧固扭力：＿＿＿＿＿＿＿＿＿＿＿＿＿

（3）安装将后制动软管托架连接到后轮毂的制动软管螺栓并将螺栓紧固至9 N·m。

紧固扭力：＿＿＿＿＿＿＿＿＿＿＿＿＿

（4）取下制动管接头端和制动软管端上的盖子或塞子。

（5）将制动软管安装到制动软管体支架。

（6）将制动软管固定件安装在制动软管的防转凸舌上。

（7）将制动管接头连接至制动软管。

（8）使用备用扳手拧紧制动软管。

（9）紧固制动管接头至 18 N·m。

紧固扭力：＿＿＿＿＿＿＿＿＿＿＿＿＿

（10）确保软管不接触悬架的任何部分。如果软管接触悬架，则拆下软管并排除故障。

（11）将后轮速传感器安装至后轮毂。

7．对液压制动系统排气

详见"液压制动系统的排气"相关操作。

8．安装轮胎和车轮总成

9．降下车辆

10．清洁整理工作现场

整理、整顿、清扫、清洁。

七、模块练习

要求：完成练习。

八、模块评价

过程、结果评价。

一、模块作用

发动机不启动,连续踩制动器踏板,正常时,每次踩下和放开,踏板高度应没有明显变化。但如果连续踩制动器踏板,发现制动器踏板有反应但灵敏度不够、偏硬不能完全踩下、踩下制动器踏板时异响、过度松动等现象,或踩制动器踏板时感到没有自由行程或自由行程过大。踩下加速踏板时卡滞,不能回位;过度松动。

这些故障如果在没有拆下时能排除是最好的,如果不能则应拆下制动器踏板、加速踏板进行检查、调整。

制动助力器是辅助制动总泵的一个工具,如果它里面的密封垫失去了密封作用,则应更换。检查时,发动机不启动,连续踩制动器踏板,正常时,每次踩下和放开,踏板高度应没有明显变化。接着,踩紧制动器踏板启动发动机,并踩紧制动器踏板保持 30 s,踏板高度应没有明显变化,否则制动助力器室中的真空压力有泄漏。

不启动发动机,踩下制动器踏板,踏板慢慢往下沉;或者连续踩制动器踏板,感觉一脚比一脚高,一脚比一脚硬,可能是总泵问题。

凡属总泵或制动助力器故障均应更换。

二、模块分析

本模块主要学习制动辅助系统的组成及其作用;可溃缩式制动器踏板;制动辅助系统各组成部分的工作过程;制动辅助系统的工作过程;制动助力器真空辅助系统的组成及其作用;制动液的使用注意事项;制动警告系统的工作过程;液压制动系统的组成、作用及其工作过程;液压制动系统总泵储液罐的组成。通过实践操作,会拆卸蓄电池托架、散热器缓冲罐、制动总泵储液罐、制动总泵、制动助力器、制动压力调节阀、中间转向轴、转向柱、方向盘、制动器踏板位置传感器、制动器踏板、加速踏板;能拆下与操作相关的车内装饰板;会安装制动器踏板、加速踏板、制动器踏板位置传感器、转向柱、中间转向轴、方向盘、制动总泵、制动助力器、制动总泵储液罐、制动压力调节阀、散热器缓冲罐、蓄电池托架；能安装好拆下的与操作相关的车内装饰板；会在台钳上能对制动总泵进行排气；会熟练检查、加注制动液。

总泵、制动助力器、制动器踏板、加速踢板的拆装、检测

模块链接符号：						
动画、视频链接	资料、手册、理论链接	警示	操作指示	模块练习	模块评价

三、模块目标

知识目标　掌握制动辅助系统的组成及其作用
　　　　　理解可溃缩式制动器踏板
　　　　　掌握制动辅助系统各组成部分的工作过程
　　　　　掌握制动辅助系统的工作过程
　　　　　掌握制动助力器真空辅助系统的组成及其作用
　　　　　掌握制动液的使用注意事项
　　　　　掌握制动警告系统的工作过程
　　　　　掌握液压制动系统的组成、作用及其工作过程
　　　　　掌握液压制动系统总泵储液罐的组成

技能目标　会拆卸蓄电池托架、散热器缓冲罐、制动总泵储液罐、制动总泵、制动助力器、制动压力调节阀、中间转向轴、转向柱、方向盘、制动器踏板位置传感器、制动器踏板、加速踏板
　　　　　能拆下与操作相关的车内装饰板
　　　　　会安装制动器踏板、加速踏板、制动器踏板位置传感器、转向柱、中间转向轴、方向盘、制动总泵、制动助力器、制动总泵储液罐、制动压力调节阀、散热器缓冲罐、蓄电池托架
　　　　　能安装好拆下的与操作相关的车内装饰板
　　　　　在台钳上能对制动总泵进行排气
　　　　　会熟练检查、加注制动液

四、模块要求

质量要求　　维修作业前,准备工作充分,动作准确熟练到位

熟练拆装制动器踏板、加速踏板、制动器踏板位置传感器、转向柱、中间转向轴、方向盘、制动总泵、制动助力器、制动总泵储液罐、制动压力调节阀、散热器缓冲罐、蓄电池托架

安装后的制动器踏板、加速踏板、制动器踏板位置传感器、转向柱、中间转向轴、方向盘、制动总泵、制动助力器、制动总泵储液罐、制动压力调节阀、散热器缓冲罐、蓄电池托架定位准确,工作正常,性能良好

安装好与操作相关的车内装饰板缝隙正常,与周边装饰配合良好

对制动总泵进行排气干净、彻底

检查、加注制动液液面符合要求

安全要求　　遵守维修作业前车辆检查的安全要求

拆装过程没有造成零部件受损

遵守拆装蓄电池时断电的安全要求

遵守举升和顶起、降下车辆的安全要求

遵守制动液加注的安全要求

遵守操作时的个人防护要求

文明要求　　遵守拆装车内装饰板的细致操作要求

遵守 5S 规定

遵守废物归类的要求

时间要求　　270 分钟

设备要求　　(1) 本课程常用工具、设备、仪器

　　　　　　(2) 雪佛兰科鲁兹车辆

耗材要求　　总泵螺母、中间转向轴螺栓、转向柱螺母、助力器推杆和制动器踏板之间的咬合连接器、工业酒精或制动器清洗剂、毛刷、车轮螺栓、扎带、制动液

五、模块步骤

第一步　　拆卸总泵、制动助力器、制动器踏板、加速踏板

第二步　　安装制动器踏板、加速踏板

第三步　　安装制动总泵、制动助力器

第四步　　安装散热器缓冲罐

第五步　　安装蓄电池托架

第六步　　安装蓄电池

第七步　　加注制动液

第八步　　对液压制动系统排气

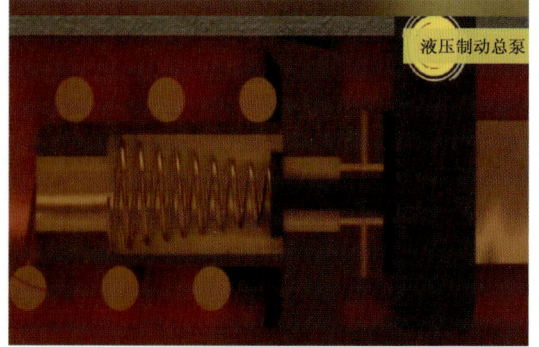

液压制动总泵

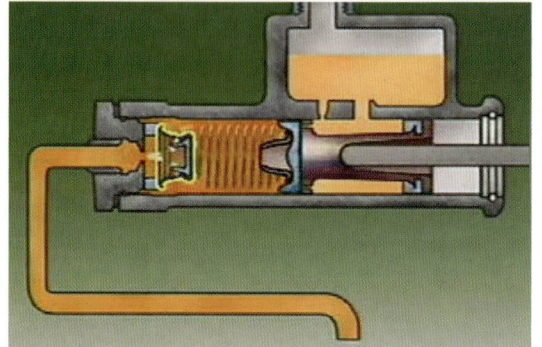

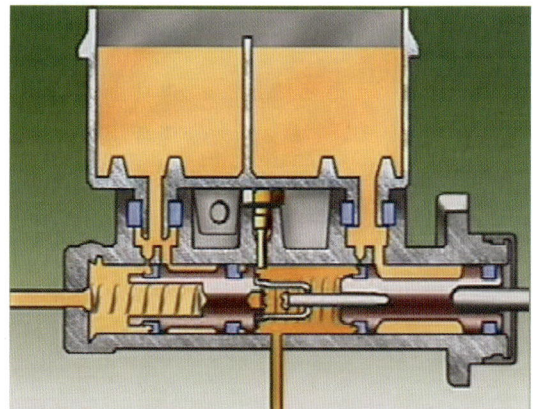

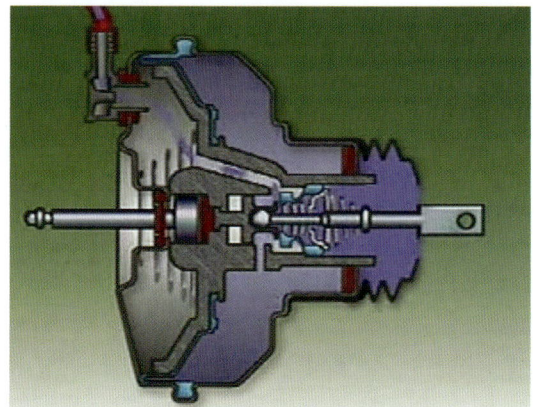

六、 模块实施

维修前准备

详见"模块:维修作业前准备工作"相关操作。

1. 拆卸总泵、制动助力器、制动器踏板、加速踏板

1）拆卸制动总泵

（1）拆卸蓄电池托架。

详见"蓄电池托架的更换"相关操作。

（2）拆下散热器缓冲罐夹子。

（3）拆下散热器缓冲罐并放置在一边（不排水）。

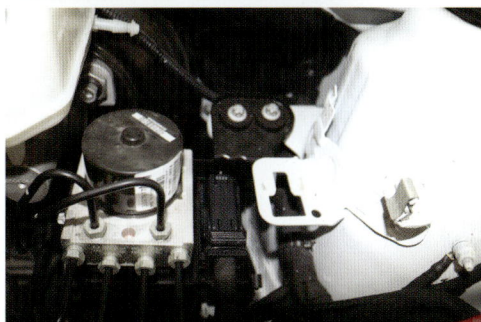

（4）断开制动液液位指示灯开关电气连接器且与制动液储液罐分离。

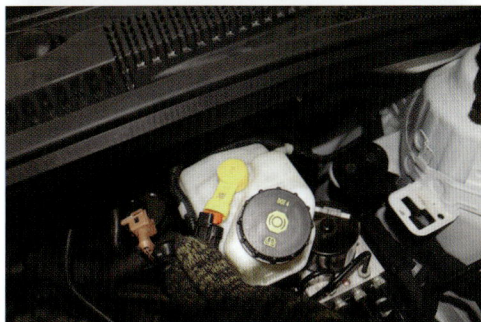

（5）断开总泵副制动管接头,盖上制动管接头并堵住总泵出口以防止制动液流失和污染。

（6）断开总泵主制动管接头。盖上制动管接头并堵住总泵出口以防止制动液流失和污染。

（7）拆下并报废总泵螺母。

（8）拆下制动压力调节阀托架螺栓。

（9）拆下制动压力调节阀托架总成。

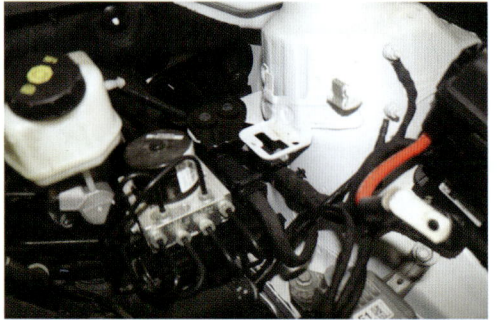

（10）将带制动液储液罐的总泵总成从助力器上拆下。

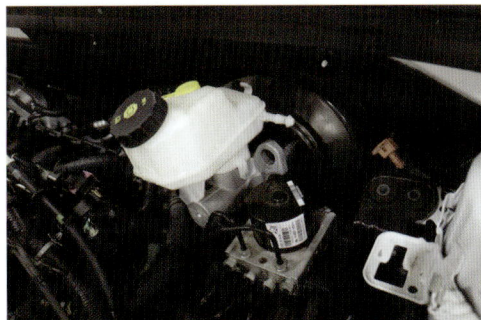

（11）拆下总泵储液罐。

（12）将制动液从总泵储液罐中排出并报废。

（13）顺时针转动液位指示开关且向上将其拆下。

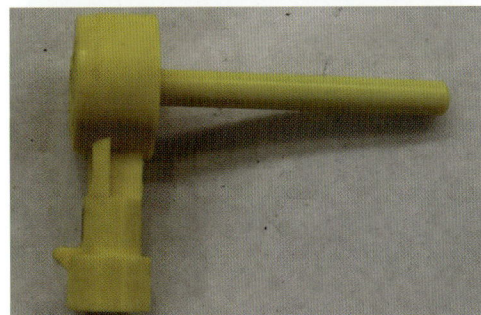

2）拆卸制动助力器

（1）将制动助力器真空管从制动助力器上拆下。

（2）拆下制动助力器螺栓。

（3）拆下制动助力器。

3）拆卸制动器踏板、加速踏板

（1）向前拉出制动压力调节阀总成以便接近制动器踏板托架螺母。

（2）拆下制动器踏板托架螺母。

提示　需要助手协助。

（3）拆下仪表板下装饰垫盖。

① 拆下左侧外装饰盖。

② 拆下保险丝检查口盖，拆下前照灯开关。

③ 断开电气连接器。

④ 在拆下下装饰垫盖时,移开所有必要的部件。

(4) 分离转向柱上装饰盖和转向柱下装饰盖。拆下转向柱上装饰盖。

(5) 拆下转向柱下装饰盖。
① 打开点火开关。

② 旋转方向盘直到转向柱下装饰盖的螺栓均便于拧下。拧下方向盘下装饰盖的螺栓,拧下转向柱下装饰盖的螺栓。

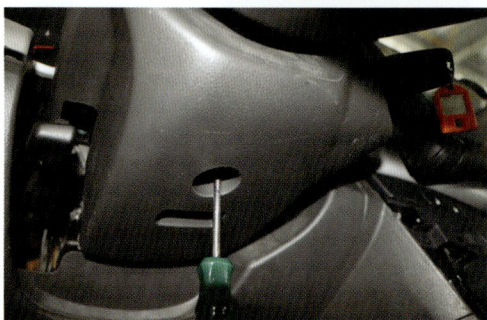

（6）拆下中间转向轴。

!　　　使车轮保持朝向正前位置，利用转向柱防转销、转向柱锁止装置或箍带固定方向盘以避免旋转。转向柱的锁止可防止辅助充气式约束系统（SIR）的损坏和可能出现的故障。断开转向柱、中间轴之前，方向盘必须牢固就位，切勿旋转方向盘或移动前轮轮胎和车轮。不遵循这些程序会导致 SIR 线圈总成不对中，从而损坏 SIR 线圈。

① 将方向盘转到正向前位置，支撑并防止移动。

② 拆下并报废 2 个中间转向轴螺栓。

③ 拆下中间转向轴。

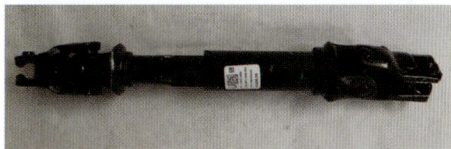

（7）拆下转向柱。

① 断开蓄电池负极。转动方向盘，将适当的工具插入方向盘两侧开口中，拨动弹簧，使充气式约束系统方向盘模块松开。

② 断开充气式约束系统方向盘模块电气连接器。

③ 拆下方向盘。

④ 拆下安全气囊系统方向盘模块线圈。

⑤ 断开电气连接器,拆卸转向信号开关。

⑥ 断开电气连接器,拆卸挡风玻璃刮水器和洗涤器开关。

⑦ 断开制动器踏板、加速踏板边上的电气连接器。

提示 　在倾斜度调节杆托架和转向柱基座间安装扎带,以免拉开转向柱套管。转向柱拆卸和安装过程中,倾斜调节杆必须在锁止(最高)位置,以确保倾斜调节杆托架保持刚度。同时,在倾斜调节杆和转向柱套管周围安装扎带以保持倾斜调节杆在锁止位置。不要弯曲位于上转向柱安装托架的吸能式转向柱扎带。

⑧ 如上所述拆下扎带。

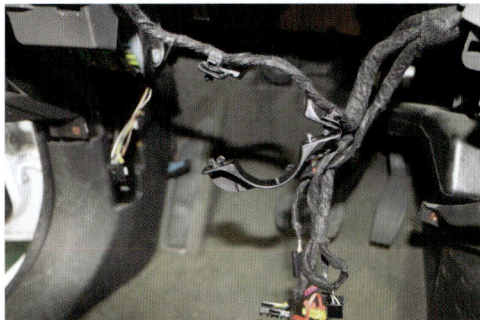

⑨ 拆下并报废转向柱螺母。

⑩ 拆下转向柱。

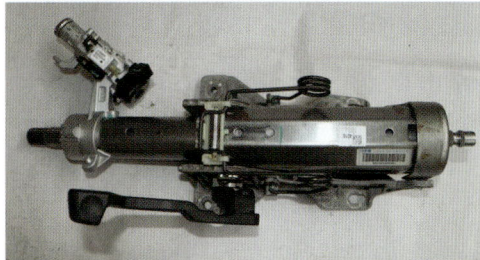

（8）将制动器踏板推杆从制动器踏板上断开。

（9）用新零件更换助力器推杆和制动器踏板之间的咬合连接器。

4）拆下制动器踏板位置传感器。

（1）断开制动器踏板位置传感器连接器。

（2）拧下制动器踏板位置传感器螺栓，拆下制动器踏板位置传感器。

5）将制动器踏板托架螺栓从横梁上拆下

6）将线束与踏板托架分离

7）断开电气连接器

8）将制动器踏板、加速踏板总成从车辆上拆下

2. 安装制动器踏板、加速踏板

（1）将制动器踏板、加速踏板总成安装到车辆上。

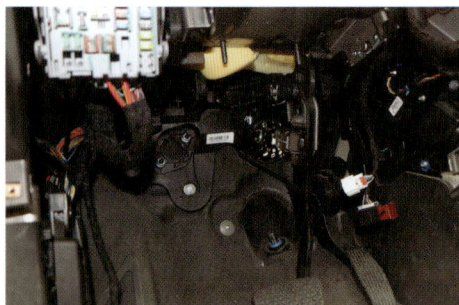

（2）将线束安装到制动器踏板托架。

（3）连接电气连接器。

（4）安装制动器踏板托架螺栓，并紧固至 20 N·m。

紧固扭力：_____

（5）安装制动器踏板位置传感器。

① 拧紧制动器踏板位置传感器螺栓，安装制动器踏板位置传感器。

② 连接制动器踏板位置传感器连接器。

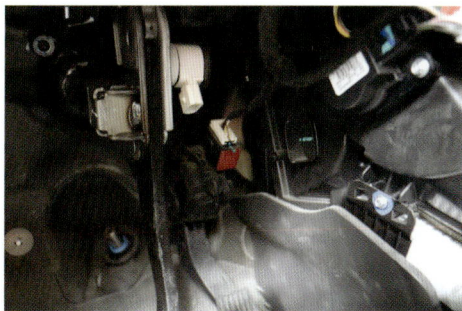

（6）将制动器踏板推杆连接至制动器踏板。

① 重新定位踏板推杆护套,使其朝向车辆前端,尽可能多地露出踏板推杆。

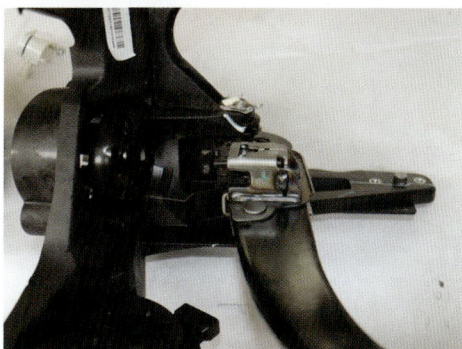

② 检查制动器踏板推杆的直线度。

如果制动器踏板推杆不直,则需要更换推杆。

③ 使踏板推杆护套回到踏板推杆上的原始位置。

④ 将制动器踏板推杆连接至制动器踏板。

（7）安装转向柱。

① 安装新的转向柱螺母,用 22 N·m 的扭矩紧固安装转向柱。

紧固扭力:＿＿＿＿＿＿＿＿＿＿＿＿

为了确保在撞击中实现转向柱的应有功能,避免对驾驶员造成的人身伤害,请执行以下步骤:

在紧固转向柱上紧固件之前,先紧固转向柱下紧固件,否则会损坏转向柱。

按规定扭矩紧固转向柱紧固件。过度紧固上转向柱紧固件会导致转向柱塌陷。

② 安装扎带。

③ 连接所有电气连接器。

④ 安装挡风玻璃刮水器和洗涤器开关，连接电气连接器。

⑤ 安装转向信号开关，连接电气连接器。

⑥ 安装方向盘充气式约束模块线圈，连接电气连接器。

使车轮保持朝向正前位置，利用转向柱防转销、转向柱锁止装置或箍带固定方向盘以避免旋转。转向柱的锁止可防止辅助充气式约束系统（SIR）的损坏和可能出现的故障。断开转向柱/中间轴之前，方向盘必须牢固就位。转向机断开上述部件后，切勿旋转方向盘或移动前轮轮胎和车轮。不遵循这些程序会导致 SIR 线圈总成不对中，从而损坏 SIR 线圈。如果认为 SIR 线圈不对中，则参见规定的"辅助充气式约束系统（SIR）线圈对中程序"以重新对中 SIR 线圈。

（8）安装中间转向轴。

① 安装中间转向轴。

② 将上万向节小心地推至转向柱上。

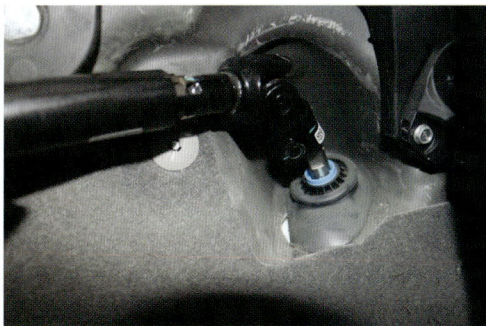

③ 将下万向节向下推至转向机小齿轮上。

提示 万向节内良好轮齿的凹槽必须精确对准转向小齿轮上良好轮齿的凹槽。万向节的孔必须对准转向小齿轮的凹槽。

④ 按以上注意事项中所述,将万向节小心地推至转向齿轮上。

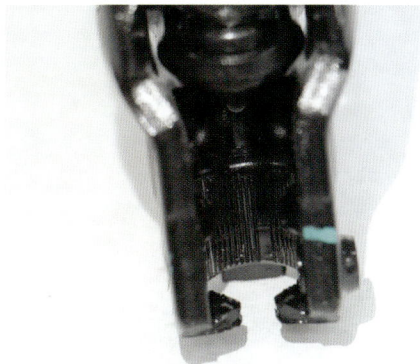

⑤ 安装 2 个新的中间转向轴螺栓,并首先紧固至 25 N·m。

紧固扭力:_____

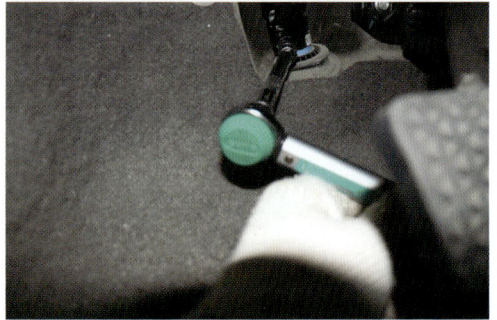

⑥ 最后将 2 个新的中间转向柱螺栓再转 180°~195°紧固。

紧固角度:_____

(9) 安装转向柱下装饰盖。

① 打开点火开关。

② 旋转方向盘直到转向柱下装饰盖的螺栓均便于拧紧,安装转向柱下装饰盖。

（10）安装转向柱上装饰盖。

（11）安装方向盘。

（12）连接电气连接器，安装充气式约束系统方向盘模块。

（13）连接前照灯开关电气连接器。

（14）安装仪表板下装饰板盖，安装前照灯开关。

（15）安装左侧外装饰盖。

3. 安装制动总泵、制动助力器

（1）安装制动助力器。

需要助手协助。

① 向前拉出制动助力器和制动压力调节器总成以便接近制动器踏板托架螺母。

② 安装制动器踏板托架螺母，并紧固至 20 N·m。

紧固扭力：＿＿＿＿＿＿＿＿＿＿

③ 安装制动助力器，并紧固螺栓至 19 N·m。

紧固扭力：＿＿＿＿＿＿＿＿＿＿

④ 将助力器真空管安装至助力器。

（2）将制动液储液罐安装到总泵上。

① 检查总泵储液罐是否损坏，必要时进行更换。

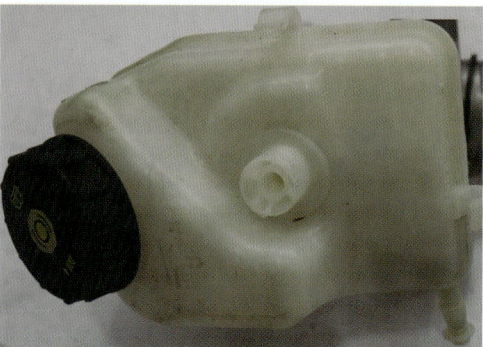

② 用工业酒精清洁储液罐。再使用制动液润滑密封件和储液罐盖。

> 不管新旧储液罐，均需清洁。

③ 用经过过滤的、不含润滑脂的压缩空气干燥储液罐。

④ 使用制动液润滑密封件和储液罐卡口销。

⑤ 确认总泵至真空制动助力器密封件正确安装在总泵桶上。

⑥ 将制动液储液罐安装到总泵上。

（3）执行总泵台钳排气。

① 制动总泵的安装法兰卡在测试台台钳上，露出主活塞的后端。

② 拆下总泵储液罐盖和膜片。

③ 将合适的接头安装至总泵孔口，要与所要求的扩口座类型相匹配并且提供软管接头。

④ 将透明软管安装至总泵孔口上的接头，再将软管排布到总泵储液罐中。

⑤ 将制动液添加到制动总泵储液罐至少半满位置。

⑥ 确保通向总泵储液罐的透明软管端部完全浸入制动液中。

⑦ 用光滑、圆头工具多次按压和松开主活塞，直到它的行程达到最大，大约25 mm的深度。观察孔口油液的流出情况。

> 当空气从主活塞和辅助活塞排出时，按压主活塞所需的力将增加，而行程量减小。

⑧ 继续按压并松开主活塞，直到油液顺畅地从孔口流出，且没有气泡。

⑨ 将透明软管从总泵储液罐上拆下。

⑩ 安装总泵储液罐盖和膜片。

⑪ 将接头和透明软管从总泵孔口上拆下。用清洁的抹布包住总泵，防止制动液溢出。

⑫ 将总泵从台钳上拆下。

（4）安装总泵。

① 安装新的总泵螺母并紧固至 50 N·m。

紧固扭力：_____

② 将制动液液面指示开关线束安装至制动液储液罐并连接电气连接器。

③ 连接总泵主制动管接头并紧固至18 N·m。

紧固扭力：_____

④ 连接总泵次级制动管接头并紧固至18 N·m。

紧固扭力：_____

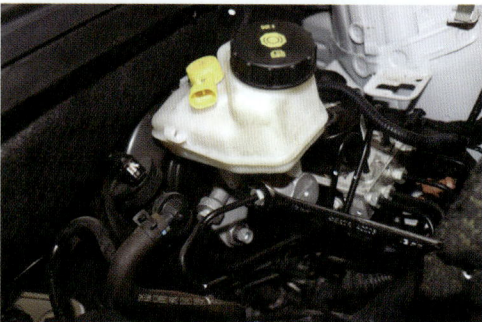

⑤ 安装制动压力调节阀,并紧固托架螺栓至 20 N·m。

紧固扭力:＿＿＿＿＿＿＿＿＿＿＿＿

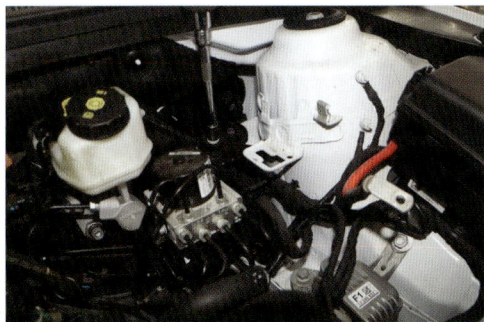

4. 安装散热器缓冲罐

(1) 重新定位并安装散热器缓冲罐。

> **提示** 切勿断开发动机冷却液软管。

(2) 安装散热器缓冲罐夹子。

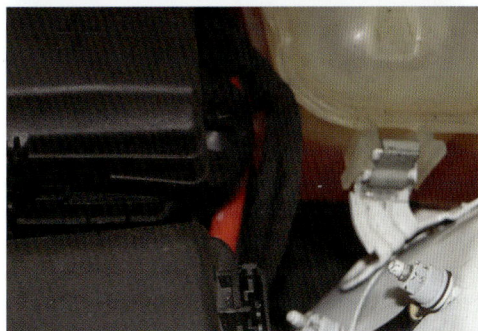

5. 安装蓄电池托架

详见"蓄电池托架的更换"相关操作。

6. 安装蓄电池

7. 加注制动液

加注制动液,并通过制动总泵储液罐目视检查加注的制动液液位。

> **提示**
> ● 如果在常规油液检查时发现制动液液位处于或低于半满位置,则应检查制动系统有无磨损和可能的制动液泄漏。
>
> ● 如果在常规油液检查时发现制动液液位处于或低于半满位置,且制动系统检查未发现磨损或制动液泄漏,则可以将制动液加注至最满标记。

● 刚完成制动系统维修,则可将制动液加注至最满标记。

● 如果制动液液位高于半满位置,则在正常状况下不建议添加制动液。

● 如果要向总泵储液罐中添加制动液,则应在拆下储液罐盖和膜片前,清洁储液罐上及盖周围的外侧表面。

8. 对液压制动系统排气

9. 清洁整理工作现场
整理、整顿、清扫、清洁。

七、 模块练习
要求:完成练习。

八、 模块评价
过程、结果评价。

电动制动助力器泵的拆装、检测

一、模块作用

制动助力器损坏、泄漏,可导致制动效果明显下降、制动不灵。电动制动助力器泵发生故障,故障警示灯会点亮,有故障码。

二、模块分析

本模块主要学习制动辅助系统的组成及其作用;可溃缩式制动器踏板;制动辅助系统各组成部分的工作过程;制动辅助系统的工作过程;制动助力器真空辅助系统的组成及其作用;制动液的使用注意事项;制动警告系统的工作过程;液压制动系统的组成、作用及其工作过程;读懂液压制动器电路图;制动助力器电动真空泵的作用、分类、结构与原理及其控制策略。通过实践操作,会准确、熟练断开、连接电动制动助力器泵电气连接器、真空软管快接接头;会拆装电动制动助力器泵;能对电动制动助力器真空泵进行系统测试和部件测试。

电动制动助力器泵的拆装、检测

模块链接符号:					
动画、视频链接	资料、手册、理论链接	警示	操作指示	模块练习	模块评价

三、模块目标

知识目标　掌握制动辅助系统的组成及其作用

理解可溃缩式制动器踏板

掌握制动辅助系统各组成部分的工作过程

掌握制动辅助系统的工作过程

掌握制动助力器真空辅助系统的组成及其作用

掌握制动液的使用注意事项

掌握制动警告系统的工作过程

掌握液压制动系统的组成、作用及其工作过程

读懂液压制动器电路图

掌握制动助力器电动真空泵的作用、分类、结构与原理及其控制策略

技能目标　会准确、熟练断开、连接电动制动助力器泵电气连接器、真空软管快接接头

会拆装电动制动助力器泵

能对电动制动助力器真空泵进行系统测试和部件测试

四、模块要求

质量要求　维修作业前,准备工作充分,动作准确熟练到位

安装好的电动制动助力器泵工作正常、性能完好

对电动制动助力器真空泵进行的系统测试和部件测试步骤正确,结果准确

安全要求　遵守维修作业前车辆检查的安全要求

拆装过程没有造成零部件受损

遵守举升和顶起、降下车辆的安全要求

遵守操作时的个人防护要求

文明要求　遵守断开、连接电气连接器、软管快接接头的要求

遵守仪表使用的要求

遵守 5S 规定

遵守废物归类的要求

时间要求　180 分钟

设备要求　(1) 本课程常用工具、设备、仪器

(2) 雪佛兰科鲁兹车辆

(3) 带 10 A 保险丝的跨接线、带 7.5 A 保险丝的跨接线

耗材要求　工业酒精或制动器清洗剂、毛刷

备件:电动制动助力器泵真空软管

五、 模块步骤

第一步　　　维修前准备
第二步　　　电动制动助力器泵的拆装
第三步　　　系统测试
第四步　　　部件测试
第五步　　　启动发动机,确认无安装错误

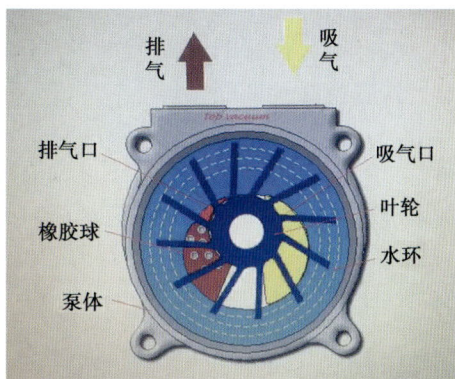

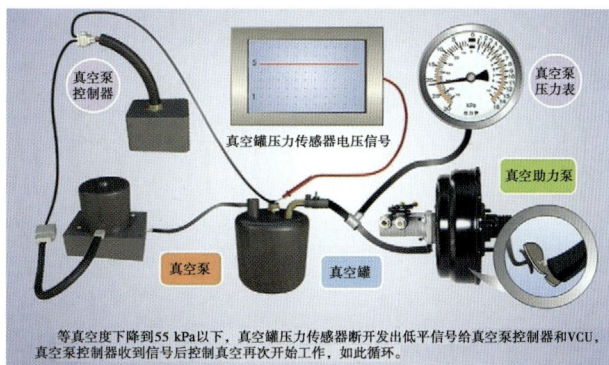

等真空度下降到55 kPa以下,真空罐压力传感器断开发出低平信号给真空泵控制器和VCU,真空泵控制器收到信号后控制真空泵再次开始工作,如此循环。

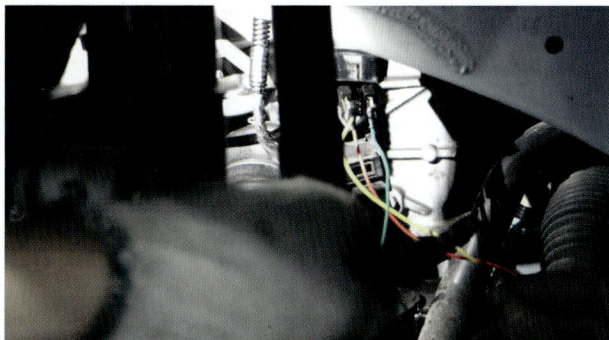

六、模块实施

1. 维修前准备

详见"模块:维修作业前准备工作"相关操作。

2. 电动制动助力器泵的拆装

1) 拆卸

(1) 举升车辆,关闭点火开关。断开电动制动助力器泵电气连接器。

(2) 将真空软管快接接头从电动制动助力器真空泵上断开。

(3) 拆下螺栓。

(4) 将电动制动助力器真空泵与托架从车辆上拆下。

(5) 将真空泵螺钉和螺母从电动制动助力器泵上拆下。

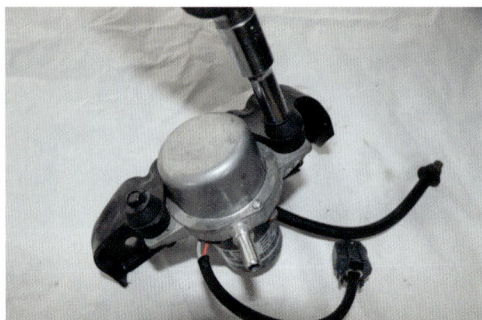

2）安装

（1）将泵螺钉和螺母安装到电动制动助力器泵并紧固至 7.5 N·m。

　　紧固扭力：＿＿＿＿＿＿＿＿＿＿＿

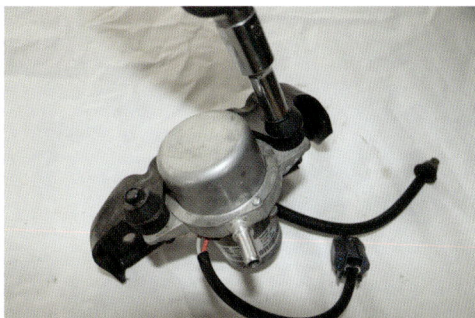

（2）将电动制动助力器真空泵与托架安装到车辆上，拧紧螺栓并紧固至 20 N·m。

　　紧固扭力：＿＿＿＿＿＿＿＿＿＿＿

（3）将真空软管快接接头连接至电动制动助力器真空泵上。

（4）连接电气连接器。

3. 系统测试

提示　制动助力器真空开关监测提供至电动制动助力器的真空度。当系统内的真空度下降时，制动助力器真空开关内的开关关闭，允许向制动助力泵电机提供电压。

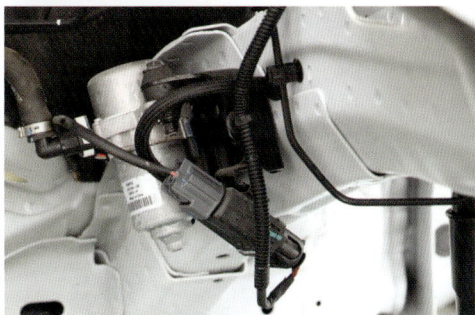

（1）将点火开关置于"OFF（关闭）"位置，并关闭所有车辆系统，断开 M9 制动助力泵电机上的线束连接器。所有车辆系统断电可能需要 2 min。

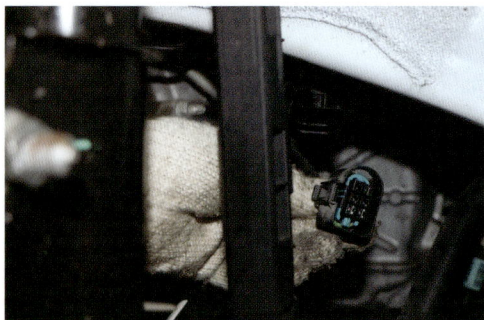

（2）测试搭铁电路端子 1 和搭铁之间的电阻，小于 10 Ω。

测量数值：＿＿＿＿＿＿＿＿＿＿

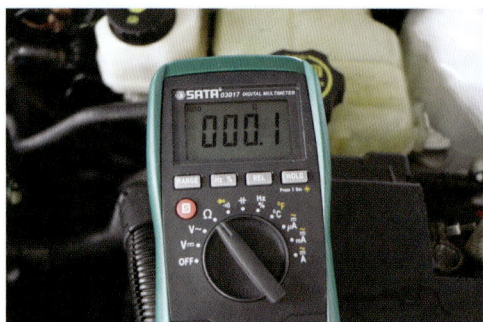

（3）点火开关置于"ON（打开）"位置。

（4）确认 B＋电路端子 5 和搭铁之间的测试灯点亮。

点亮：是□；否□

（5）将点火开关置于"OFF（关闭）"位置，连接 M9 制动助力泵电机处的线束连接器并断开 B19C 制动助力器真空开关处的线束连接器，将点火开关置于"ON（打开）"位置。

（6）确认点火电路端子 1 和搭铁之间的测试灯点亮。

点亮：是□；否□

（7）确认控制电路端子 2 和搭铁之间的测试灯未点亮。

点亮：是□；否□

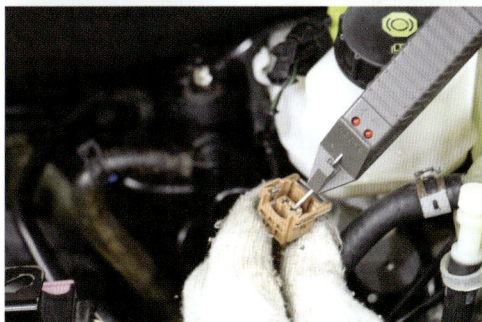

（8）在点火电路端子 1 和控制电路端子 2 之间连接一条带 10 A 保险丝的跨接线。

（9）确认 M9 制动助力泵电机启动。

是否启动：是□；否□

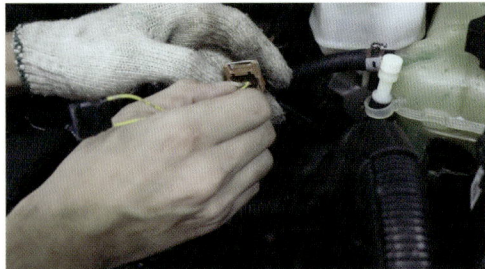

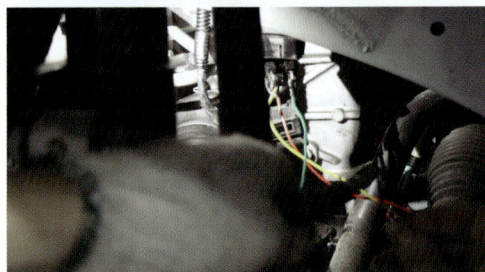

4. 部件测试

（1）将点火开关置于"OFF（关闭）"位置，断开 M9 制动助力泵电机上的线束连接器。在 B＋电路端子 5 和 B＋之间安装一根带 30 A 保险丝的跨接线。在点火电路端子 2 和 B＋之间安装一根带 7.5 A 保险丝的跨接线。在搭铁电路端子 1 和搭铁之间安装一根跨接线。

（2）确认 M9 制动助力泵电机启动。

提示　　如果制动助力泵电机未启动，则更换 M9 制动助力泵电机。如果制动助力泵电机启动，则全部正常。

是否启动：是□；否□

5. 确认制动助力器真空系统

启动发动机，确认制动助力器真空系统未损坏、泄漏或安装错误。

是否有错误：有□；无□

6. 清洁整理工作现场

整理、整顿、清扫、清洁。

七、模块练习

要求：完成练习。

八、模块评价

过程、结果评价。

模块九

制动液液位开关、制动助力泵电机、驻车制动开关检测

一、模块作用

　　制动液液位开关用于检测制动液液位高低。接通点火开关，无论制动液储油罐内是否有油，警告灯均亮，原因是：浮子卡死、舌簧开关烧结。出现这种故障时，可从储液罐中拆下传感器，用手拨动浮子总成，查看有无卡死现象。若无卡死现象，则故障由舌簧开关烧结引起；若有卡滞现象，则更换制动液液位开关。

　　接通点火开关，制动液储油罐内无油时，警告灯不亮。故障是由电路断路、警告灯损坏、舌簧开关接触不良造成的。

　　制动助力器泵电机损坏，造成制动助力器泵不工作，可导致制动效果明显下降，制动不灵，应更换制动助力器泵。

　　点火开关转到 ON 挡位置，操作驻车制动工作，驻车制动指示灯点亮，释放驻车制动，指示灯熄灭属于正常。

　　若释放驻车制动后，驻车制动指示灯仍然点亮，可能原因是未彻底放松驻车制动；若检查发现不缺少制动液，制动系统正常，可能原因是驻车制动开关故障。

二、模块分析

　　本模块主要学习防抱死制动系统组成、结构及其作用；防抱死制动系统的初始化程序。通过实践操作，会检测制动液液位开关电路；会检测制动助力泵电机；会检测驻车制动开关；会拆装前地板控制台。

制动液液位开关、制动助力泵电机、驻车制动开关检测

模块链接符号：					
动画、视频链接	资料、手册、理论链接	警示	操作指示	模块练习	模块评价

三、 模块目标

知识目标　　掌握防抱死制动系统组成、结构及其作用

　　　　　　理解防抱死制动系统的初始化程序

技能目标　　会检测制动液液位开关电路

　　　　　　会检测制动助力泵电机

　　　　　　会检测驻车制动开关

　　　　　　会拆装前地板控制台

四、 模块要求

质量要求　　维修作业前，准备工作充分，动作准确熟练到位

　　　　　　准确应用故障诊断仪对制动液液位开关电路进行检测

　　　　　　准确应用万用表对制动助力泵电机进行检测

　　　　　　能熟练检测驻车制动开关

　　　　　　安装好的前地板控制台与车内周边饰板配合良好，缝隙正常

安全要求　　遵守维修作业前车辆检查的安全要求

　　　　　　遵守举升和顶起车辆的安全要求

　　　　　　遵守仪器使用的安全规范

　　　　　　遵守操作时的个人防护要求

文明要求　　遵守仪器使用的文明要求

　　　　　　遵守 5S 规定

　　　　　　遵守废物归类的要求

时间要求　　135 分钟

设备要求　　(1) 本课程常用工具、设备、仪器

　　　　　　(2) 雪佛兰科鲁兹车辆

　　　　　　(3) 带 3 A 保险丝的跨接线、带 30 A 保险丝的跨接线、带 7.5 A 保险丝的跨接线

耗材要求　　制动液

五、 模块步骤

第一步　　制动液液位开关电路检测

第二步　　制动助力泵电机的检测

第三步　　驻车制动开关检测

第四步　　清洁整理工作现场

六、模块实施

维修前准备

详见"模块:维修作业前准备工作"相关操作。

1. 制动液液位开关电路检测

制动液液位开关监测制动液储液罐中的制动液液位。电子制动控制模块发现制动液液位开关输入打开时,会设置故障诊断码。

（1）确认制动液液位正常。液位应高于最低液位。

液位是否正常:是□;否□

（2）点火开关置于"ON(打开)"位置。

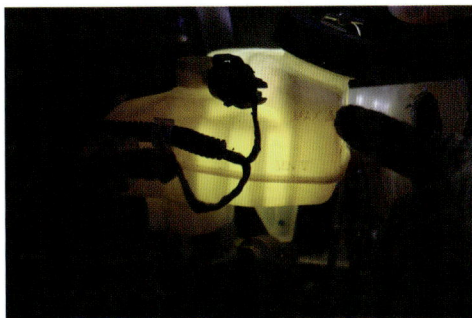

（3）确认故障诊断仪上的"制动液液位
传感器"参数为"ok（正常）"。

故障诊断仪显示：＿＿＿＿＿＿＿＿

（4）液位低于正常液位。

（5）在信号电路端子 1 和搭铁之间安
装一条带 3 A 保险丝的跨接线。确认故障
诊断仪上的"制动液液位传感器"参数为
"ok（正常）"。

故障诊断仪显示：＿＿＿＿＿＿＿＿

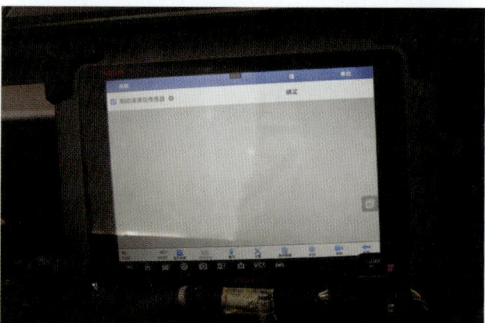

（6）点火开关置于"OFF（关闭）"位置，
断开 B20 制动液液位开关的线束连接器。
测试搭铁电路端子 2 和搭铁之间的电阻，小
于 10 Ω。

测量数值：＿＿＿＿＿＿＿＿＿＿

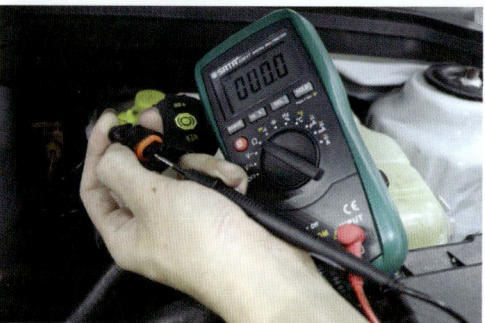

（7）在信号电路端子 1 和搭铁之间安装一条带 3 A 保险丝的跨接线。确认故障诊断仪上的"制动液液位传感器"参数为"正常"。

故障诊断仪显示：_____

2. 制动助力泵电机的检测

提示

制动助力器真空开关监测提供电动制动助力器的真空度。

当系统内的真空度下降时，制动助力器真空开关内的开关关闭，允许向制动助力泵电机提供电压。

（1）将点火开关置于"OFF（关闭）"位置，并关闭所有车辆系统，断开 M9 制动助力泵电机上的线束连接器。所有车辆系统断电可能需要 2 min。

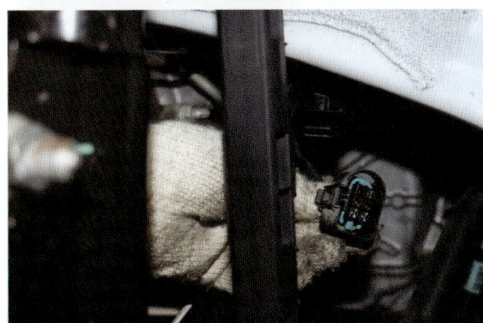

（2）测试搭铁电路端子 1 和搭铁之间的电阻，小于 10 Ω。

测量数值：_____

（3）点火开关置于"ON（打开）"位置。

（4）确认 B＋电路端子 5 和搭铁之间的测试灯点亮。

点亮：是□；否□

（5）将点火开关置于"OFF（关闭）"位置，连接 M9 制动助力泵电机处的线束连接器并断开 B19C 制动助力器真空开关处的线束连接器，将点火开关置于"ON（打开）"位置。

（6）确认点火电路端子 1 和搭铁之间的测试灯点亮。

点亮：是□；否□

（7）确认控制电路端子 2 和搭铁之间的测试灯未点亮。

点亮：是□；否□

（8）在点火电路端子 1 和控制电路端子 2 之间连接一条带 10 A 保险丝的跨接线。

（9）确认 M9 制动助力泵电机启动。

启动：是□；否□

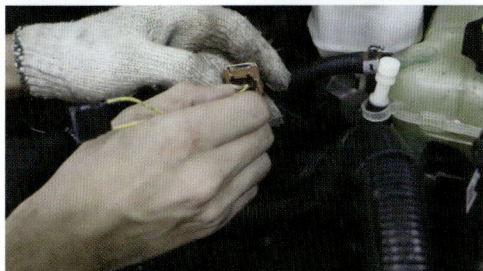

（10）部件测试。

① 将点火开关置于"OFF（关闭）"位置，断开 M9 制动助力泵电机上的线束连接器。在 B＋电路端子 5 和 B＋之间安装一根带 30 A 保险丝的跨接线。在点火电路端子 2 和 B＋之间安装一根带 7.5 A 保险丝的跨接线。在搭铁电路端子 1 和搭铁之间安装一根跨接线。

② 确认 M9 制动助力泵电机启动。

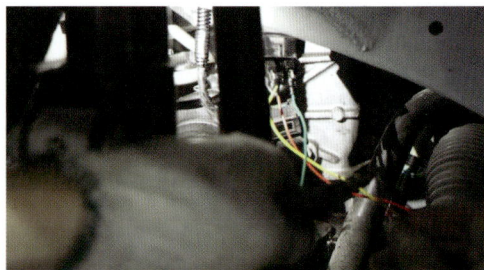

> 【提示】如果制动助力泵电机未启动,则更换 M9 制动助力泵电机。如果制动助力泵电机启动,则全部正常。

启动:是□;否□

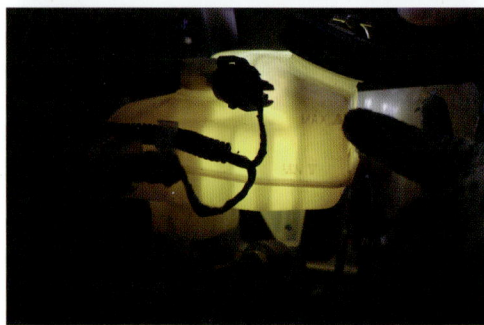

3. 驻车制动开关检测

(1)检查制动液液位是否正确。液位应高于最低液位。

液位是否正常:是□;否□

(2)在接合和释放驻车制动器的同时,确认制动警告指示灯熄灭。

是否熄灭:是□;否□

(3)测试驻车制动器开关

① 断开 B80 驻车制动器开关上的线束连接器。

a. 拆下左侧仪表板下装饰板,拆下右侧仪表板下装饰板。

b. 使用平头塑料装饰工具轻轻地撬动变速器控制杆装饰盖,以松开卡子。

c. 断开电气连接。

d. 拧下 2 个前地板控制台储物托盘螺钉。

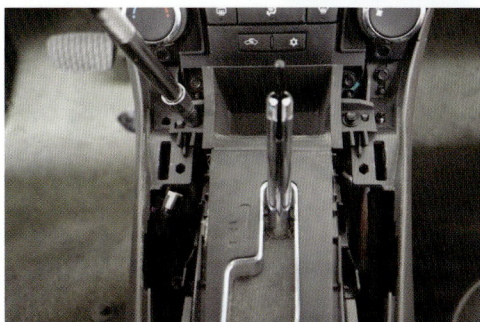

e. 拧下左右 2 个前地板控制台与变速器排挡固定螺钉。

f. 拧下左右 2 个前地板控制台后部螺钉。

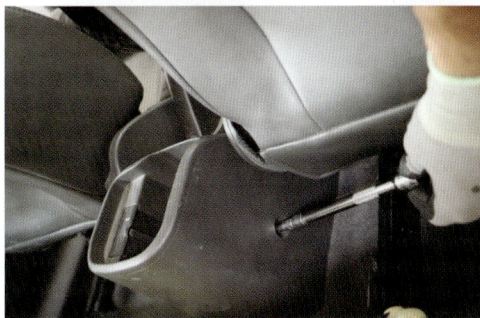

g. 翻开前地板控制台扶手盖,拧下前地板控制台储物箱内的螺钉。

h. 拆下前地板控制台。

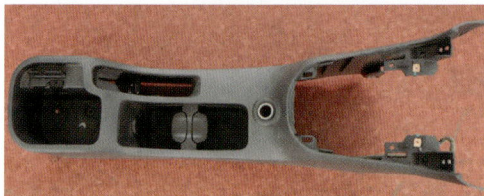

i. 将点火开关置于"OFF(关闭)"位置,断开 B80 驻车制动器开关上的线束连接器。

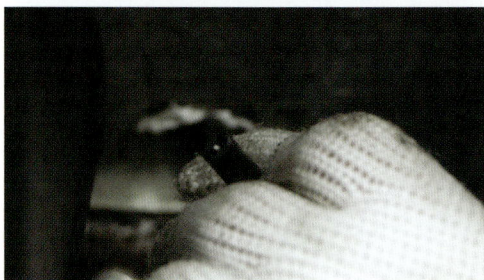

② 检查 B80 驻车制动开关是否有外观损坏且是否正确安装。

③ 将点火开关置于"OFF（关闭）"位置，断开 B80 驻车制动器开关上的线束连接器。

④ 在信号电路端子 A 和搭铁之间安装一条带 3 A 保险丝的跨接线并确认制动警告指示灯熄灭。

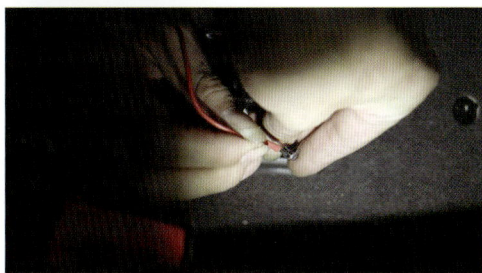

⑤ 松开驻车制动器时，测试信号电路端子 A 和搭铁之间的电阻，为无穷大。

测量数值：_____

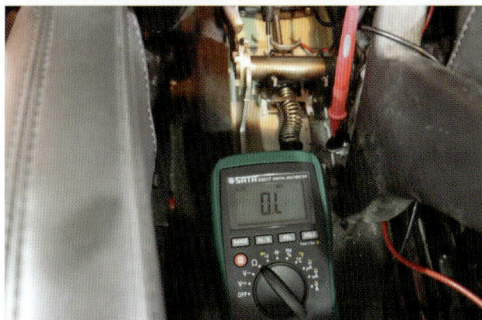

⑥ 测试信号电路端子 A 和搭铁之间的电阻在驻车制动器接合时，小于 5 Ω。

测量数值：_____

4. 安装前地板控制台，恢复拆卸的连接器、饰板

5. 清洁整理工作现场

整理、整顿、清扫、清洁。

七、 模块练习

要求:完成练习。

八、 模块评价

过程、结果评价。

制动压力调节阀、电子制动控制模块的更换

一、模块作用

装有制动压力调节阀、电子制动控制模块的汽车 ABS 制动系统出现故障,低速制动时制动压力调节阀启动,制动压力调节阀电机异响,制动器踏板振动,制动性能不良,特别在湿滑路面和转向刹车时,不能正常完成车轮防抱死的功能。ABS 有自检功能,当泵体坏了后,会点亮故障警告灯,同时,ABS 防抱死功能失效。

二、模块分析

本模块主要学习防抱死制动系统组成、结构及其作用;防抱死制动系统的初始化程序;防抱死制动系统的工作过程。通过实践操作,会更换制动压力调节阀;能熟练对液压制动系统进行排气;会校准制动压力调节阀压力传感器;会对车辆进行系统诊断;会更换电子制动控制模块。

制动压力调节阀、电子制动控制模块的更换

模块链接符号:					
动画、视频链接	资料、手册、理论链接	警示	操作指示	模块练习	模块评价

三、 模块目标

知识目标　　掌握防抱死制动系统组成、结构及其作用
　　　　　　掌握防抱死制动系统的初始化程序
　　　　　　掌握防抱死制动系统的工作过程

技能目标　　会更换制动压力调节阀
　　　　　　能熟练对液压制动系统进行排气
　　　　　　会校准制动压力调节阀压力传感器
　　　　　　会对车辆进行系统诊断
　　　　　　会更换电子制动控制模块

四、 模块要求

质量要求　　维修作业前,准备工作充分,动作准确熟练到位
　　　　　　更换后的制动压力调节阀工作正常
　　　　　　液压制动系统排气彻底、干净
　　　　　　校准后的制动压力调节阀压力传感器工作良好
　　　　　　准确地对车辆进行系统诊断
　　　　　　更换后的电子制动控制模块工作正常

安全要求　　遵守维修作业前车辆检查的安全要求
　　　　　　遵守举升和顶起车辆的安全要求
　　　　　　遵守制动液加注的安全要求
　　　　　　遵守操作时的个人防护要求

文明要求　　操作过程中及时清理干净溢出或溅出的制动油液
　　　　　　遵守仪器仪表使用的文明要求
　　　　　　遵守 5S 规定
　　　　　　遵守废物归类的要求

时间要求　　135 分钟

设备要求　　(1) 本课程常用工具、设备、仪器
　　　　　　(2) 雪佛兰科鲁兹车辆
　　　　　　(3) 带台虎钳的钳工桌、制动器排气适配器、方
　　　　　　头扳手 8～17 mm 一套、透明容器、制动液储液罐真空盖

耗材要求　　塑料薄膜、制动液

五、 模块步骤

第一步　　制动压力调节阀的更换
第二步　　拆解电子制动控制模块
第三步　　安装

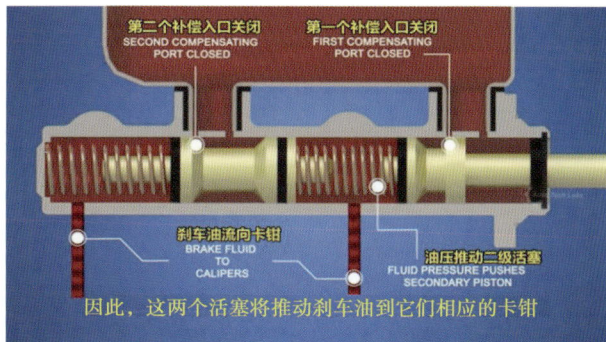

因此, 这两个活塞将推动刹车油到它们相应的卡钳

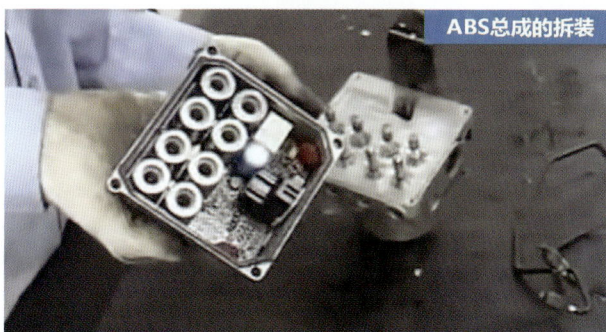

六、 模块实施

维修前准备

详见"模块:维修作业前准备工作"相关操作。

1. 制动压力调节阀的更换

拆卸

(1) 将点火开关置于"OFF(关闭)"位置。断开蓄电池负极。

（2）拆下散热器缓冲罐夹子。

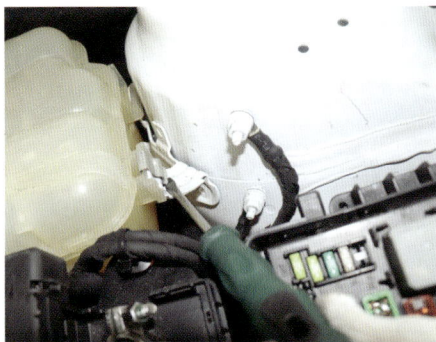

> 提示　切勿断开发动机冷却液软管。

（3）将散热器缓冲罐放置在一边。

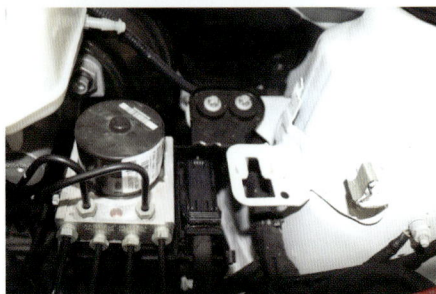

（4）拆下制动液储液罐盖并安装密封盖，以防止制动液流失和污染。

> 提示　制动液储液罐盖内侧有沟槽，外界的大气可以进入制动液储液罐，保证制动液可以流到制动总泵，而制动液储液罐内的气体不能流出。
> 　　制动液储液罐真空盖内侧没有沟槽，使制动液储液罐内外不相通。
> 　　如果没有真空盖，则可以用一块塑料薄膜先盖住制动液储液罐口，再盖上制动液储液罐盖，从而保证制动液储液罐内外空气不相通。

（5）将电气连接器从电子制动控制模块/电子制动与牵引控制模块上断开。

> ！　务必在点火开关处于"OFF（关闭）"位置的情况下连接或断开电子制动控制模块/电子制动与牵引控制模块的线束连接器。未能遵循此说明可能会导致电子制动控制模块/电子制动与牵引控制模块损坏。

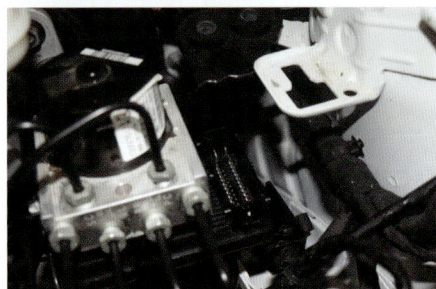

（6）将 6 根制动管从制动压力调节阀上拆下。

提示　盖上制动管接头，以防止制动液流失和污染。

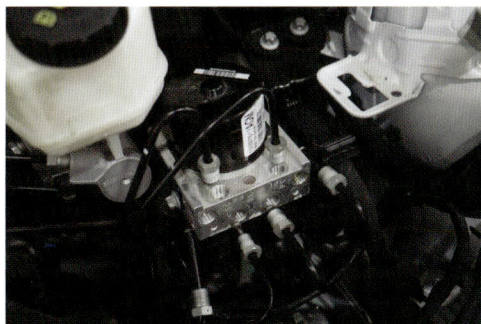

（7）拆下 2 个制动压力调节阀托架螺栓。

（8）拆下制动压力调节阀及托架总成。

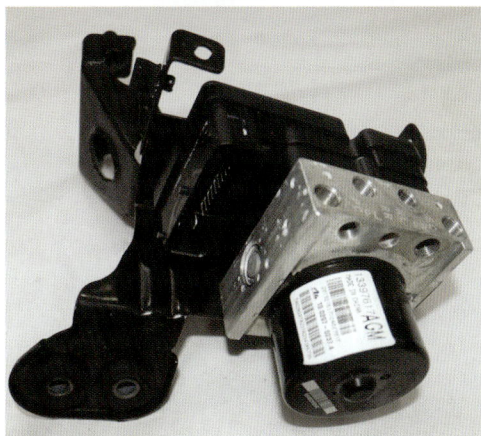

（9）拆下 3 个制动压力调节阀托架螺栓。

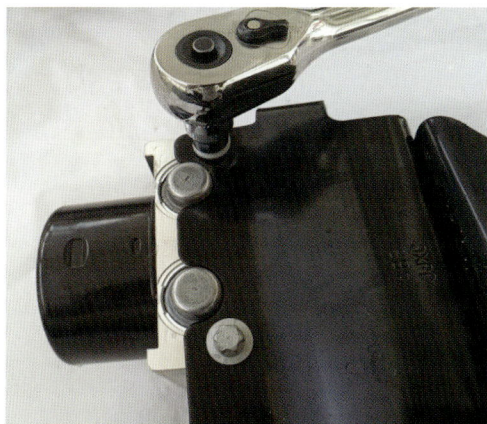

（10）拆下制动压力调节阀。

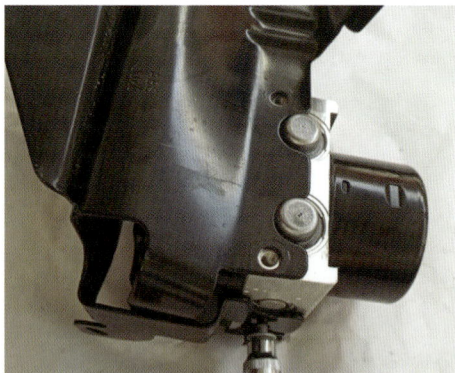

（11）将制动压力调节阀绝缘体从制动压力调节阀托架上拆下。

2. 拆装电子制动控制模块

（1）拆解。

提示　不能单独更换电子制动控制模块，必须与制动压力调节器阀作为一个整体更换控制模块。

其安装步骤与更换制动压力调节阀相同。

（2）组装

按照拆解相反步骤组装。

3. 安装

（1）将制动压力调节阀绝缘体安装至制动压力调节阀托架上。

（2）将制动压力调节阀托架安装到制动压力调节阀，紧固 3 个螺栓至 10 N•m。

拧紧扭力：_____

（3）放置制动压力调节阀及托架总成于车上安装位置。

（4）安装 2 个制动压力调节阀托架螺栓，并紧固至 20 N•m。

拧紧扭力：_____

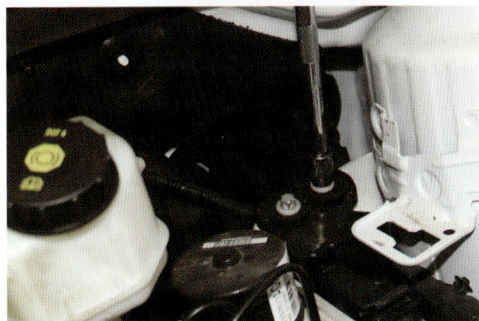

（5）将 6 根制动管安装到制动压力调节阀，并紧固至 18 N•m。

拧紧扭力：_____

（6）将电气连接器连接至电子制动控制模块/电子制动与牵引控制模块上。

（7）拆下密封盖并安装制动液储液罐盖。

（8）安装散热器缓冲罐。

（9）安装散热器缓冲罐夹子。

向制动液储液罐或离合器储液罐中添加制动液时，仅使用清洁、密封容器中的 DOT-4＋制动液。这种聚乙二醇制动液吸湿且吸潮。请勿使用开口容器中可能受水污染的油液。不正确或受污染的油液可能会导致系统部件的损坏。

（10）对液压制动系统排气。详见"液压制动系统的排气"相关操作。

（11）校准制动压力调节阀压力传感器。

制动压力传感器不需要经常校准。在特定的维修程序执行后，可能需要校准制动压力传感器。部分程序如下：
- 故障码诊断；
- 电子制动控制模块的更换；
- 制动压力调节阀总成的更换。

使用故障诊断仪，按以下步骤完成"制动压力传感器的校准"程序。

① 施加驻车制动或将变速器置于驻车挡位置。

② 松开制动器踏板。

③ 将故障诊断仪安装至数据链路连接器。

④ 将点火开关置于"ON（打开）"位置，发动机关闭。

⑤ 从"电子制动控制模块配置/重新设置功能"列表中选择"制动压力传感器校准"。

⑥ 按故障诊断仪的说明完成校准程序。

⑦ 清除可能设置的任何故障诊断码。

4. 清洁整理工作现场
整理、整顿、清扫、清洁。

七、 模块练习
要求：完成练习。

八、 模块评价
过程、结果评价。

模块十一

防抱死制动系统检测

一、模块作用

装有 ABS 的汽车在制动时,轮胎与地面应有压痕而不是拖痕。若汽车以 30～40 km/h 速度行驶制动时,轮胎与地面有拖印,说明 ABS 有故障。但车速低于 10 km/h 时,ABS 将不起作用,汽车在制动后期会出现轮胎抱死拖滑印痕,这属于正常现象。

打开点火开关,ABS 警告灯亮,发动机启动后,警告灯立即熄灭,这是正常的状态。发动机启动后或汽车行驶中,如果 ABS 系统的组成部分中的任何部分(包括机械和电控)发生故障,ABS 警告灯亮、闪烁、亮与熄灭的时间间隔无规律,都说明 ABS 系统出现了故障。此时,制动系统只能发挥常规制动作用,发生故障后,可能导致汽车行驶跑偏、发响、抖动及制动器踏板振动。

在诊断时要根据故障的特点进行检查,如果故障的原因是电控系统,则可以用检测仪器进行检查;如果属于间歇性故障或相关的机械性故障,则需要进行模拟测试。汽车都有自我诊断系统,可以按要求读取故障码,根据故障码的提示来排除故障。

二、模块分析

本模块主要学习防抱死制动系统组成、结构及其作用;防抱死制动系统的初始化程序;防抱死制动系统的工作过程;防抱死制动系统的电路;防抱死制动系统的电路说明。通过实践操作,会对防抱死制动系统进行电路测试;会对防抱死制动系统进行部件测试;会对防抱死制动系统进行系统测试。

防抱死制动系统检测

模块链接符号：					
动画、视频链接	资料、手册、理论链接	警示	操作指示	模块练习	模块评价

三、 模块目标

知识目标　掌握防抱死制动系统组成、结构及其作用
　　　　　掌握防抱死制动系统的初始化程序
　　　　　掌握防抱死制动系统的工作过程
　　　　　读懂防抱死制动系统的电路
　　　　　读懂防抱死制动系统的电路说明

技能目标　对防抱死制动系统进行电路测试
　　　　　对防抱死制动系统进行部件测试
　　　　　对防抱死制动系统进行系统测试

四、 模块要求

质量要求　维修作业前准备工作准确、熟练、到位
　　　　　熟练对防抱死制动系统进行电路测试，步骤准确，结果正确
　　　　　准确判断防抱死制动系统部件是否正常
　　　　　熟练对防抱死制动系统进行系统测试，步骤准确，结果正确

安全要求　遵守维修作业前车辆检查的安全要求
　　　　　遵守断开、连接电气连接器的安全要求
　　　　　遵守仪器仪表使用的安全要求
　　　　　遵守操作时的个人防护要求

文明要求　遵守仪器、仪表使用的文明要求
　　　　　遵守5S规定
　　　　　遵守废物归类的要求

时间要求　45分钟

设备要求　　（1）本课程常用工具、设备、仪器
　　　　　　（2）雪佛兰科鲁兹车辆
　　　　　　（3）带 3 A 保险丝的跨接线、带 7.5 A 保险丝的
　　　　　　跨接线

耗材要求　　15 A 保险丝

五、 模块步骤

第一步　　　电路测试
第二步　　　部件测试
第三步　　　系统测试

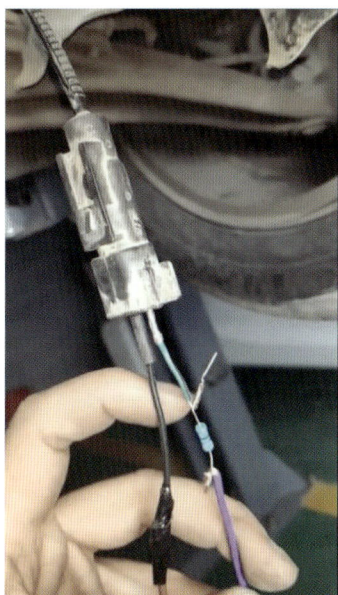

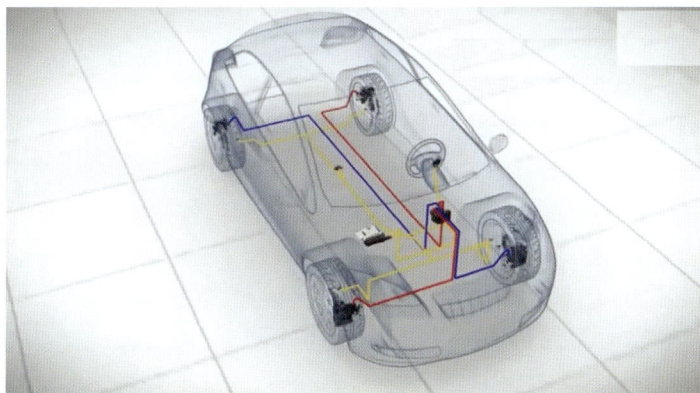

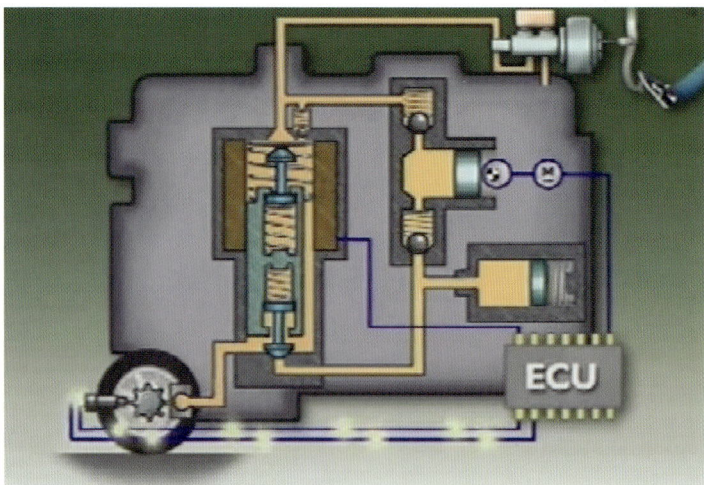

六、 模块实施

维修前准备

详见"模块:维修作业前准备工作"相关操作。

1. 电路测试

（1）将点火开关置于"ON（打开）"位置。打开 X50A 发动机保险丝盒盖子,确认 15 A 保险丝 F30UA 和 40 A 保险丝 F26UA 的测试灯点亮。

是否点亮:＿＿＿＿＿＿＿＿＿

（2）将点火开关置于"OFF（关闭）"位置,断开 K17 电子制动控制模块的线束连接器,关闭所有车辆系统,可能最多需要 2 min。

（3）将点火开关置于"ON（打开）"位置,确认 B＋电路端子 1、25 和搭铁之间的测试灯点亮。

是否点亮:＿＿＿＿＿＿＿＿＿

（4）将点火开关置于"OFF（关闭）"位置,断开相应的 B5 轮速传感器上的线束连接器,再将点火开关置于"ON（打开）"位置。确认信号电路端子 B 和搭铁之间的测试灯点亮。

是否点亮:＿＿＿＿＿＿＿＿＿

（5）测试搭铁电路端子 13 和搭铁之间的电阻,小于 10 Ω。

测量数值:＿＿＿＿＿＿＿＿＿

（6）测试 B＋电路端子和搭铁之间的电阻，应为无穷大。

测量数值：＿＿＿＿＿＿＿＿＿＿

（7）测试轮速传感器信号电路 37、26、30、33 和搭铁之间的电阻，应为无穷大。

测量数值：＿＿＿＿＿＿＿＿＿＿

（8）将点火开关置于"ON（打开）"位置。

（9）测试轮速传感器信号电路 37、26、30、33 和搭铁之间的电压，低于 1 V。

提示 万用表中显示的单位是 mV。

测量数值：＿＿＿＿＿＿＿＿＿＿

2. 部件测试

（1）点火开关置于"ON（打开）"位置，5 s 后，确认防抱死制动系统指示灯熄灭。当踩下或释放制动器踏板时，确认制动灯正常工作。

是否正常：＿＿＿＿＿＿＿＿＿＿

（2）轮速传感器动态测试。

① 将点火开关置于"OFF（关闭）"位置，连接轮速传感器上的线束连接器。

② 断开 K17 电子制动控制模块的线束连接器。

③ 在 B＋和 K17 电子制动控制模块线束连接器处轮速传感器 12 V 参考电压电路端子 36、27、29、34 相应端子之间连接一条带保险丝的跨接线。

提示 示范的是右前端子 27、26，其他一样。

（3）慢慢转动车轮，测试电路端子 K17 电子制动控制模块线束连接器处轮速传感器低电平参考电压电路端子 37、26、30、33 和搭铁之间的交流电，在 0.07～0.14 mA。

测量数值：＿＿＿＿＿＿＿＿＿＿

提示　示范的是右前端子 27、26，其他一样。

3. 系统测试

（1）将点火开关置于"ON（打开）"位置，用故障诊断仪指令所有指示灯点亮和熄灭时，确认组合仪表防抱死制动系统指示灯点亮和熄灭。

是否点亮和熄灭：＿＿＿＿＿＿＿＿＿＿

（2）将点火开关置于"ON（打开）"位置。当踩下或释放制动踏板时，故障诊断仪显示参数为"活动"和"未活动"之间转换。

故障诊断仪显示：＿＿＿＿＿＿＿＿＿＿

（3）用故障诊断仪指令防抱死制动系统泵电机启动和停止时，确认防抱死制动系统泵电机启动和停止。

故障诊断仪显示：＿＿＿＿＿＿＿＿

4. 清洁整理工作现场
整理、整顿、清扫、清洁。

七、模块练习
要求：完成练习。

八、模块评价
过程、结果评价。